無限なる大光明

七面さまのお話

七面山奥之院前別当
切刀貞如

大東出版社

無限なる大光明——七面さまのお話

目次

口絵写真……………定林寺七面大明神像
カバー写真(表)……七面山奥之院からのご来光
カバー写真(裏)……奥之院影嚮石しめ縄

はじめに

私が生まれ、育ち、五十年に渡り住職し、そして今も院首として法務に励ませて頂いている定林寺は、四年交替で七面山奥之院をお守りするお寺です。

私は七面大明神に誓願して僧侶になりました。住職になってからは、七面山奥之院の別当を六回務めさせて頂きました。その他、内外での宗教活動をする中で、七面さまの大護念を身に沁みて感じてきました。

特に昭和四十六年（一九七一）の日蓮大聖人御降誕七五〇年の時も、昭和五十六年（一九八一）の日蓮聖人七百遠忌の時も、平成九年（一九九七）の七面山開山七百年の時も別当として、それぞれの大記念事業に当たらせて頂きました。七面山奥之院発展の大節目を担わせて頂けたことは、本当にありがたいことでした。

その恩徳に報いるための宗教活動に、これからの余生を捧げなければならないと思っています。その一つとして、七面さまのことを世間の人達にもっと知ってもらうために、また後の人達に七面さまの無限なる大光明を伝えていくために、七面さまのことを私なりに書かせて頂くことにしました。

定林寺からは、正面に身延山と七面山を拝することができます。いつも身延山と七面山を拝んで、世界の平和、日本の平和、そして両山の法運隆昌を祈っています。そして七面さまと因縁深重であることを感謝しています。

七面さまがお働きくださっている世界は、広大無辺で、大慈悲の大光明が輝いている世界ですので、このお話の表題を「無限なる大光明」とさせていただきました。

七面山の山名

日蓮聖人が身延山へお入りになられたのは、鎌倉時代の文永十一年（一二七四）でした。日蓮聖人が身延山に入られると、各地の信徒の人達がお手紙やご供養の品を届けてきました。この信徒の人達は、聖人が行かれた身延山はどんな所であろうかと、おそらく心配されたのではないかと思います。

聖人が身延へ入られた翌年の文永十二年の三月、安房《あわ》の国の新尼御前《にいあまごぜん》と大尼御前《おおあまごぜん》から、「あまのり（海苔）」が届けられてきました。

聖人は早速に筆をとられて返事を書かれ、身延山の様子を知らされました。つまり「新尼御前御返事《にいあまごぜんごへんじ》」（文永十二年三月十六日）にはこうあります。

「此の所をば身延の嶽《たけ》と申す。駿河《するが》の国は南にあたりたり。彼の国の浮島《うきしま》がわらの海ぎわより、此の甲斐の国波木井の郷《ごう》、身延の嶺《みね》へは百餘里に及ぶ。餘の道千里よりもわずらわし。

富士河と申す日本第一のはやき河、北より南へ流れたり。此の河は東西は高山なり。谷深く、左右は大石にして高き屛風《びょうぶ》を立て並べたるがごとくなり。河の水は筒の中に強兵が矢を射出したるがごとし。此の河はやく石多ければ、身破れて微塵となる。

かかる所をすぎゆきて、身延の嶺と申す大山あり。東は天子《てんし》の嶺、南は鷹取《たかとり》の嶺、西は七面の嶺、北は身延の嶺なり。高き屛風を四つついたてるがごとし。…」とあります。

その後、ご自分のご生涯を書かれた「種種御振舞御書《しゅじゅおんふるまいごしょ》」(建治元年・一二七五)には、「西は七面の山」と書かれています。

建治二年(一二七六)に、富士の南条家の九郎太郎に出された返事には、「西には七面のがれ」と書かれ、同じ年に駿河の松野六郎左衛門へのお手紙には、「西には七面と申す山」とあります。

弘安三年(一二八〇)秋元殿《あきもと》に送られた御書には「西は七面山」とあります。

それぞれ「嶺」とか「山」とか「がれ」と表現されていますが、日蓮聖人が身延山に

定林寺の正面に拝する身延山（左）と七面山（右）

入られた鎌倉時代には、もうすでに七面山の名前があったことが分かります。

また建治四年（一二七八）の正月に鎌倉の四条金吾《しじょうきんご》殿に出された御書には、「鷹取のたけ（嶽）、身延のたけ、なないだれのたけ、いいだに（飯谷）と申し・・・」とあります。

また弘安元年（一二七八）九月に出された「妙法比丘尼《びくに》御返事」には、「北は身延山と申しだて、南はたかとりと申して雞足山《けいそくせん》の如し、西はなないたがれと申して鉄門に似たり。東は天子がたけと申して富士の御山に対したり。」とあります。

このことから、七面山は当時「なないたがれ」とも呼ばれていたことが分かります。

日本の古い書物を集めて編纂した「古事類苑《こじるいえん》」という書物の各山、各地が書かれている中に七面山という項目があります。

それによると、「七面山は高山で、甲府、駿河、伊豆、安房など七方面が見える七面がある」とあります。その事から昔から七面山と呼ばれ、山が急傾斜面の山であるために、なないたがれ（七板崖）と呼ばれていたのではないかと思われます。

七面山には池があり、それが七つに因んで七つ池があると言われてきました。七面大明神の信仰が深まるにつれて、七面山は神体山として広く信仰を集めるようになりましたが、もともと昔から七面山の神霊が在《ま》します神秘な山として、土着の人々の信仰の対象になっていたのではないかと思います。

深草元政上人が、「七面大明神縁起」を残されていますが、その中で、七面山は「鬼門を閉じて七面を開いているから七面山と名づけられた」と説いています。あるいは七面山は、七難を払って七福を授ける山であるから七面山と呼ばれる等々、七面さまの大神力を顕彰して、七面山の解釈が広がってきたと思います。

七面大明神の示現

身延山高座石

建治三年（一二七七）の九月の頃でした。建治三年といいますと、日蓮聖人が身延へお入りになられて四年目の聖人五十六才の時です。

ご草庵の上の方の今の妙石坊の所に、大きな岩がありました。聖人は今の身延山奥之院思親閣がある身延山頂に登る道すがら、あるいははるか東の故郷を偲ぶためにこの辺りに登られて、この大きな岩を高座とされてお説法をなさいました。

そのお説法の聴衆の中に、いつも熱心に聴いていた妙麗な婦人がおりました。一緒にお説法を聴いていた人々は、この辺りでは見なれない方だけれども一体誰であろうかと不審に思いました。いつも同席していた波木井公もいぶかしく思いました。

高座石

それに気付かれた日蓮聖人は、その婦人に向かって、「あなたの本当の姿を見せてあげなさい」と言われました。

その婦人は聖人に「願くは一滴の水をください」と答えたので、聖人は侍者に命じて側にあった花瓶をとらせ、その水を婦人に注ぎました。

婦人はその水を受けると、たちまちに一丈余りの龍体を現じて、居並ぶ人々を驚かせました。波木井公はこの様子を画工に描かせました。

しばらくして龍は元の婦人の姿に戻ると、聖人に向かって語りました。

「聖人はご本仏様の付嘱を受けて末法の導師となられました。私もまたご本仏様から末法を護る護法の善神としての使命を頂いて、七面山に住んでいる七面大明神です。身延山の災難を除き、法華経を修行する人々を守ってその願いを満足させることをお誓いいたします」と。こう言い終ると、その婦人は七面山の方へ飛び去っていきました。

高座石は七面大明神がお姿を現じた霊場として尊ばれています、その高座石には、いま太いしめ縄がかけられて荘厳されています。

妙石坊の祖師堂には、正面左脇に七面大明神が勧請されています。この七面大明神は、「立ち姿の七面大明神」で、七面さまの初期の姿を継承したご神像で立派なご神体です。

七面大明神縁起

深草の元政上人（一六二三―一六六八）は、京都の信者達の願いを容れて、深草の山の上に七面大明神をお祀りするお堂をお建てになりました。

それは寛文六年（一六六六）のことで、元政上人が遷化される二年前のことです。

この七面堂を建てられた時に、お弟子の方々が七面大明神のことを書き記しておくようにお願いいたしました。元政上人は早速に筆をとられて書かれたのが、「七面大明神縁起」です。このご文章はいま「草山集」に残っていますが、この七面大明神の示現の話が、この中に書かれています。

深草元政上人は、宗門を代表する歴史的な高僧でした。法華経の教えに則った修行の規範を定め、これを実践して行学二道に生きられた方でした。その清浄な教風は法華経信仰者に影響を与えその門下や後の時代の信奉者からも、幾多の人材を輩出しました。

この元政上人は京都の人で、代々彦根藩に仕える武家の人でした。しかし十九才で病に倒れてから、母とともに病気平癒を祈って各山各寺をお参りしていましたが、遂に二十六才で出家しました。師僧の妙顕寺の日豊上人に仕えて七年、三十三才の時に深草の旧極楽寺の薬師堂の跡の畠を買い求めて草庵を結び「称心庵」と称して住しました。この称心庵が後に深草山瑞光寺となりました。

この元政上人が深く七面信仰をお持ちになって、深草の山に七面堂を開堂し、文章としては正式に初めて七面大明神の縁起を著しました。この元政上人の七面信仰はどこから来たものでしょうか。

推察するに、お師匠様の日豊上人の影響であったと思います。七年間妙顕寺に寓居し、朝な夕な日豊上人の教化を受ける中で、この七面信仰が植えつけられていったものと思います。

何故かと言えば、僧那院《そうな》日豊上人は身延山の西谷檀林の化主（校長）を務めておられました。その頃身延では七面信仰が盛んになっていました。特に寛永十七年（一六四〇）には、徳川家康の側室・養珠院お万の方が、家康公の二十五年忌を修した後、六十四才という高齢で七面山に登り、女人禁制を解いています。

僧那院日豊上人は、身延の檀林から千葉の日本寺の中村檀林の化主となり、それから京都の妙顕寺へと晋《すす》まれました。その後元政上人がお母さんとともに身延山をお参りして東京の池上本門寺へ参詣した時は、「身延道の記」にあるように、日豊上人は池上本門寺へと移られていました。

天下の名僧日豊上人は、身延の檀林に居られて、熱烈な七面信仰者であったと思います。その日豊上人の信仰を受け継いで、元政上人は京都にありながらも七面大明神への信仰を燃やし続けました。

信仰は人から人へと伝えられていくものです。その伝える人は神仏から遣わされた人ですから、私達は進んで神仏に遣われる人になっていきたいものです。

七面大明神の縁起は、深草元政上人に続いて次々と描かれていくようになりました。

その中でも身延山三十一世日脱上人（一六二六―一六九八）の「身延鑑《みのぶかがみ》」の中の「七面大明神すがたをあらわし給う事」や、小湊誕生寺二十二世大中院日孝上人（一六四二―一七〇八）の「七面大明神縁起」や、身延山三十二世智寂院日省上人（一六三六―一七二二）の「本化別頭高祖伝《ほんけべつずこうそでん》」や、身延山三十六世六牙院日潮上人（一六七四―一七四八）の「本化別頭仏祖統記《ほんけべつずぶつそとうき》」等が有名です。

身延鑑

身延山第三十一世の法主、一円院日脱《だつ》上人は歴代の諸上人の中で、第三の中興の三師（日脱《だつ》、日省《せい》、日亨《こう》）として仰がれています。

この日脱上人（一六二六―九八）は、身延の猊座《げいざ》に就かれる三年前に、京都から身延山に参詣しました。それは延宝《えんぽう》四年（一六七八）の春三月でした。

その参詣の様子や身延山の事等を因縁や事物を通して詳しく書き記したものが「身延鑑《みのぶかがみ》」です。

この本は古来身延山に伝えられ、いく度か木版で出版され続けて、多くの人が愛読してきたということです。しかし変体がなで読みにくいことから近代はあまり親しまれなくなっていました。

それを昭和四十一年十一月、身延山第八十六世一乗院藤井日静上人が、米寿を記念して現代版の身延鑑を発刊しました。さらに日蓮聖人立教開宗七五〇年を記念して、身延山第九十一世妙道院藤井日光上人が、平成十三年二月に「新訂身延鑑」を身延山久遠寺より発行しています。

この身延鑑は上、中、下の三巻からなり、「身延山久遠寺由来《ゆらい》の事」から始まって、「同所大野本遠寺《ほんのんじ》開闢《かいびゃく》を知る事」まで十項目にわたって書かれています。

その第四項目に、筆者が身延から十万部を通り、赤沢から春木川を渡って七面山へ参詣し、七面山の山容や伽藍の様子、それに七面大明神の縁起や信仰のことを記しています。

つまり「七面大明神すがたをあらわし給う事」という題名で、先ず七面山の山名のいわれを述べられています。

それによると、「山を七面というのは、孤の山には八方に門がある。その八方の内の

身延山日蓮聖人御草庵跡

鬼門を閉じて、仏道修行のための七宝である聞《もん》（聞法）、信《しん》（信受《しんじゅ》）、戒《かい》（持戒《じかい》）、定《じょう》（禅定《ぜんじょう》）、進《しん》（精進《しょうじん》）、捨《しゃ》（喜捨《きしゃ》）、慚《ざん》（慚愧《ざんき》）を意味する七面を開いて、七難を払い七福を授けてくださる、七不思議の神様が住んでおられる故に、七面山と名づけられている」とあります。

七面大明神の示現

それに引き続いて、七面さまが、身延の日蓮聖人のご草庵に示現されたことが書かれています。

『此の七面大明神が、身延山末法護法の神様となられた由来は、建治年間（一二七五―七七）の頃だと云われている。大聖人が身延の御草庵で読経されていた時に、紅梅のはかまに柳色の衣を着けた二十才ほどの気高い女性が、いつも大聖人のお側近くで大聖人を思慕渇仰している様子で読経を聴いておられた。同席していた大檀越の波木井実長公や郎従たちは、この様子を見て、この女性は何者であろうかと不審に思った。

大聖人はかねてからその事に気付かれていたので、ある時その女性にお尋ねになられた。「御身はこの山中では見かけない方だが、何処から毎日ここへ詣でて来られる？」と。するとその女性は「私は七面山の池に住んでいるものです。聖人の御経をありがたく拝聴し、苦々《くく》（好ましくない対象から感じる苦しみ）と、壊苦《えく》（好ましいものが壊れることから受ける苦しみ）と、行苦《ぎょうく》（世の中のものが移り変わるのを見て感じる苦しみ）の三つの苦しみから脱《の》がれることができました。聖人様との結縁をよろしくお願いいたします」と聖人に申し上げた。

聖人は輪圓具足の大曼荼羅を女性にお授けになって、その女性の名前をお聞きになられた。

「私は厳島女《ごんとうにょ》と申します」と女性は答えた。

聖人はそれを聞いて、「されば安芸《あき》の国（広島）の厳島《いつくしま》の神女であられるか」と問うと、

「私は厳島弁才天《いつくしまべんざいてん》です。霊山会上で、末法守護の神となると釈尊とお約束をしたものです」と女性は答えた。

「その姿を現し給え」と云われて、聖人は仏前の花瓶の水をその女性に注がれた。するとその女性は一丈あまりの赤龍となってその花瓶に巻きついた。

その様子を見た波木井実長公も郎従たちも皆疑いの念をはらしたのである。

龍の姿となった女性は、

「私は霊山会上で、釈尊から直説成仏の印可を頂き、末法に於いて法華経を受持する者を守って、七難を払い七福を授けることを約束しました。法華経を謗る者には七厄七難を与えます。また九万八千の夜叉《やしゃ》神は私の眷属です。身延山の守護神として、水火兵革等の七難を払い、七堂伽藍を守ります」と固く約束して、また七面山の池に帰ってお棲いになられておられるのである』とあります。

一円院日脱上人

この「身延鑑」を著された日脱上人は、七面大明神の大の信仰者でした。五十二才で身延山へお入りになるに当たって、先輩の上人達が大勢居るという理由で大へんな争いになりました。しかしそれを乗り切って一度猊座に就かれるや、身延山の発展に昼夜常精進し、祖山の全盛時代を見るに至りました。東山天皇より身延山として始めて紫衣を賜り、参内して天皇を拝しお題目を言上されました。

その上人をたすけて支援を惜しまなかったのが、朝臣吉良上野介義央《きらこうずけのすけよしなか》でした。この吉良義央が開基檀越となって、愛知三河の吉良町に「真正寺」を開くに当たって、日脱上人は七面大明神の御分身を守本尊としてお与えになりました。そのすばらしい七面大明神のご尊像が今真正寺に勧請されています。

七面山の開山

開山日朗上人のこと

七面山の開山日朗上人は、日蓮聖人の直弟子の六老僧の一人で、大国阿闍利日朗上人《だいこくあじゃりにちろうしょうにん》と申します。

今の千葉県、下総の国の能手の郷の平賀氏の子として生まれ、吉祥麿といいました。幼少の頃から鋭敏で風姿も優れていて、早くから仏門に入ることを望んでいました。建長六年十六才の時に、鎌倉の松葉《まつば》が谷《やつ》の日蓮聖人の許に来て弟子となり、「日朗」と名付けられました。

吉祥麿が聖人の処へ来る前に、聖人は庵室でしばしまどろまれました。その時に夢を見られました。一天にわかにかき曇ったかと思うと、雷鳴が轟き、庵室の中に落ちました。雷が落ちたものの庵室は何事もなく、黒雲は晴れて天気晴朗となったところで覚めました。

吉祥麿が初めて庵室に入って座った所が、夢の中で雷のおちた場所でした。日蓮聖人はこのことを不思議に思い、この児は将来必ずや大法雷を轟かせ、大法雨をふらし、衆生の暗迷を払って朗々たらしめることであろうと思い日朗と名付けたと伝えられています。

それから聖人の許で修業し、至誠をもって聖人にお仕えしたことから、師孝第一と仰がれるようになりました。

聖人が伊豆に配流された時には、日朗上人は二十三才でした。鎌倉由比が浜に赴いて、聖人とともに伊豆へ流されることを幕府に願い出ましたが許されませんでした。由比が浜での別れに際して、日蓮聖人が日朗上人に残した「月西に入るを見れば日蓮伊豆にあると思え、日東海に昇るを見れば日朗鎌倉にあると思う」という聖人の温情あふれる言葉には、涙さそわれるものがあります。

文永八年（一二七一）九月十二日の日蓮聖人が頸切られようとした龍の口の御法難の

時も、聖人に殉じようとして捕えられ、宿屋光則の屋敷の内の土牢に入れられました。

その一か月後、依知（厚木）の本間家から佐渡へ出立するに当たって、聖人は土牢の中に居る日朗上人達のことを心配して、「今夜《こよい》の寒さにつけても、牢のうちのありさま思いやられていたわしく候え。・・・」と書かれてお手紙を送られました。つまり「土籠御書《つちろうごしょ》」であります。

聖人佐渡に居ること足かけ四年、文永十一年二月に幕府より赦免《しゃめん》状が出されました。日朗上人はその赦免状を持って佐渡に渡り、三月八日に配所の日蓮聖人に届けました。

配所の一の谷へ至る道は坂道で、「お師匠さま！」と呼びながら登る日朗上人は、疲労困ぱいのあまり石に寄って休みました。後にその坂は日朗坂と名付けられ、その石は赦免石と名付けられて、今も当時の日朗上人のことを偲ばせてくれます。

日朗上人の法勲

文永十一年五月、日蓮聖人は身延にお入りになりました。それについて鎌倉に残った弟子や信徒たちのこと、それに弘通の根拠である庵室等の法華経団の維持や運営のことは、日昭上人、日朗上人を始めとした弟子たちや有力信徒たちに当たらせました。日朗上人はこの日蓮聖人の命を受けて鎌倉方をまとめて法華経流布のために努められました。

九か年の間身延にお住まいになられた日蓮聖人は療養のために身延を出て日立の湯に向かわれましたが、武蔵の国池上の郷宗仲の館に着かれ、そのままそこから起つことができなくなりました。弘安五年九月のことです。

翌月の十月八日、日蓮聖人は本弟子六人、つまり六老僧を定められて滅後の広宣流布を依嘱されました。その翌々日の十日には御遺物を配分されて、日朗上人には「御本尊一体・釈迦立像」をお与えになりました。

この釈迦立像は、伊東に配流された時、聖人が伊東の地頭に病悩の平癒祈念を頼まれ、それを祈祷して治癒したので、その御礼に地頭から頂いたものでした。その釈迦像は地頭がかつて海中に網して得た海中出現の釈迦像ですばらしいものでした。日蓮聖人はそれ以来その釈迦像を随身仏として、佐渡に流された時も、身延にお入りになった時も、常にご自分の所に勧請されていたものでした。

十月十二日の辰の刻（八時）、日蓮聖人はご入滅になり、十四日の夜八時に、日昭上人、日朗上人の二人の手によって御入棺されました。その夜中の十二時に、御輿棺の前陣を日朗上人を中心としたお弟子方が務め、後陣を日昭上人が中心となってお弟子の方が務めて葬送の儀が行われて、池上で荼毘に付されました。

日蓮聖人のご真骨は、ご遺言によって身延山に御廟所が造られて納められました。

ご廟所は毎月輪番によって守られることになりましたが、当時の交通のことや諸般のことから日向上人が身延山第二世の住職となって、専任で日蓮聖人のご廟所を守ることになりました。

日朗上人は鎌倉にあって教線の拡張に努められ、特に帝都弘通を聖人より依嘱された日像上人や弟子の教育に当たりました。日像上人は聖人のご遺命と恩師日朗上人の期待に応えて、その大願を果たすことができました。

その間、日朗上人がお住まいになっていた比企谷《ひきがやつ》の法華堂は、大学三郎の外護によって建立され、妙本寺と名付けられました。

池上本門寺は、池上宗仲《むねなか》の外護によって建てられ長栄山本門寺と称しました。

また下総平賀《しもうさひらが》の法華堂は、曽谷教信《そやきょうしん》の協力によって建てられ本土寺となりました。

日朗上人には、その人徳の然らしむる所、大勢の子弟が居りました。その弟子たちは、日像上人を始めとして俊英ぞろいで、各地に教線を張って寺を建立していきました。その日朗上人の門下を日朗門流と称します。日朗門流の伸展は、日蓮宗躍進の大きな力となっていきました。

日朗上人の登詣

日蓮聖人没後十六年の永仁五年（一二九七）の九月、日朗上人は七面山に七面大明神を勧請するためにお登りになりました。

その時、伝説によれば波木井実長公が日朗上人を案内されたと言われていますが、波木井実長公―法寂院日円上人は、その月の二十五日に七十六才で遷化していますので、おそらく波木井公一族の人々が案内同道をしたのではないかと想像されます。

日朗上人一行は、九月十七日に身延を立ち、身延の山を越えて赤沢に一泊し、赤沢から春木川を渡って七面山へ登られました。七面山は未だ開かれていない山で、その北参道は、途中からは尾根伝いの道になっていますが、この道をたどられたのではないかと言われています。

北参道の十九丁目に安住坊があります。この安住坊には日朗上人の御木像が勧請されていますし、日朗上人お手植えの「栃の木」の古木があります。この「栃の木」は天然記念物に指定されています。毎年の七面山大祭の折には、七面山奥之院影嚮石のしめ縄を新しくするのに奉仕する宮原講中によって、この「栃の木」にもしめ縄が掛けられます。

この安住坊から五丁登った二十五丁目からは、本当に七面山への尾根伝いの道になります。

奥之院影嚮石に日朗上人ご一行が着かれた時、その大きな岩の上に、七面大明神がお姿を現してご一行をお迎えになりました。

七面大明神が影現されたので、その岩を影嚮石と名づけられました。そこに祠を結ばれ、影嚮七面大明神を勧請されて、影嚮宮《ようごうのみや》とされました。

それからご一行は七面山の池に向かわれて、一の池の辺りに七面大明神を勧請されました。

七面山奥之院影嚮石

影嚮石

七面山奥之院の影嚮石の写真を掲載させていただきましたが、この岩を龍体が七廻り半巻いて現れたという伝説から、この岩を七廻り半回って祈願すると、その願いが叶えられると言われています。

私は、七面大明神はこの岩を宝蓮華となしてお坐りになり、三十二相《そう》・八十種好《しゅごう》を具えた美しい七面大明神のお姿で、日朗上人ご一行をお迎えになったのではないかと思っています。

この影嚮石のしめ縄は、四年に一回秋の大祭に、宮原講中によって掛け替えられていましたが、戦後昭和三十年頃からは毎年新しく掛け替えられるようになりました。それも大祭願主がこのお縄上げの費用を奉納してくれ、宮原講中が、ワラや人手を奉仕してくれるところから、今も続いています。

大きな影響石が、あの七面山山頂に突出して在ることは、まことに不思議なことですが、神様が鎮座されている磐座《いわくら》信仰の代表的なものでありましょう。昔から七面山は、山全体が神体山として信仰され、さらにそこに神様が鎮座される磐座《いわくら》があり、神様がお住まいになる池があることから、まさに霊山であります。

日朗上人置文《おきぶみ》

さて七面山の開山は日朗上人ですが、日蓮聖人がご自身で七面山へ登ることができなかったので、日朗上人はその意志を継いで聖人滅後七面山へお登りになったと言い伝えられてきました。

今度改めて、森宮義雄氏が出された「七面大明神の信仰と病即消滅」の本を読んで、日朗上人の置文《おきぶみ》のあるところを知りました。その中に、日朗上人が夢を見られて、その夢に七面大明神が現れて七面山に登ってほしいと言われたという事が書かれています。

おそらく日朗上人は、生前中の日蓮聖人のお話を聞いたりして、この日蓮聖人のご意志を実現しなければと思っている内に、七面大明神の夢を見られて、七面山登詣の決心をなされたのではないかと想像されます。

七面山敬慎院本社には、日朗上人筆の一遍首題のご本尊が奉安され、開山堂の朗師堂には大国阿闍梨日朗上人がお祀りされています。

日朗上人御木像

七面山奥之院には、日朗上人の御木像が本堂内陣の左側に勧請されています。

このご尊像は、昭和三十一年九月に、東京妙信講谷野妙全法尼たちによって奉納されたものです。当時、東京妙信講は谷野法尼が首導で、毎月大勢の団体で七面山へ月参りをしていました。七面山奥之院に、開山の日朗上人のご尊像がないことを知って奉納されたものです。

それから七面山奥之院の内陣が増改築され、日蓮聖人降誕七五〇年記念事業として、昭和四十八年には御宝前が荘厳されました。その時に日朗上人のお厨子も横浜の日晴寺から奉納されています。

池大神のこと

日朗上人によって、七面山が開山される前から、近郷近在の人々による七面山信仰があったことは当然でありましょう。

特に日本の社会は古来神体山を中心に集落が形成されて来ています。神秘的な七面山は修験の道場として尊ばれてきたとも言われていますから、法華経による日朗上人の開山は、時の然らしむるものであったと思われます。

七面山の西麓に雨畑《あまはた》という地区があります。ここは雨畑硯《すずり》の産地として有名な所です。この雨畑の奥の稲又川滝から数丁登った山の中に、「池大神発祥の宮」があります。

この池大神は、雨畑長得寺の田澤妙得上人が丹精して守られていましたが、今は山崩れの為にお参りできなくなり残念なことです。

この池大神が七面山敬慎院に祀られている池大神で、伝承によれば七面山に祀られたのは貞応元年（一二二二）であったということです。貞応元年というのは、日蓮聖人がお生まれになった年です。

池大神が七面山に祀られるようになった縁起は、雨畑長徳寺で発行した「七面山池大神由来書」で紹介されています。これは森宮義雄氏が、「七面大明神のお話」の中で詳しく解説しています。

それにはこうあります。

「承久三年（一二二一）のことです。甲州巨摩郡雨畑村に高岸源左衛門という人がありました。いつも狩猟を好んでしていました。その年の十一月の秋の日に、村の奥の稲又川の滝の池に差しかかった時、一疋の鹿が走って来ました。急いで矢を放とうとした瞬間鹿の姿は消えてしまいました。

源左衛門は鹿の姿が消えた滝のあたりを見渡し

雨畑の池大神の鳥居

て見ると、そこに一寸ばかりの仏像があって、その体から眼を射るばかりの光明がさん然と輝いていました。源左衛門は、このことを不思議に思い、矢を捨てて岩山に立って、『今光明を放っているご尊体は何の神仏でありましょうか。私はこれまで殺生を好んで多くの生物を殺してきました。罪の深いことはこの上もありません』と懺悔して、今からは殺生を止めて神仏を崇めようと誓って仏像を手に取って我が家に帰りました。その仏像を家にまつって香花をお供えし灯明をつけて供養しました。

源左衛門は、この稲又に出現したお仏像は雨畑村の安泰をお守りくださる有り難いご守護神であると思って大いに喜びました。夜の明けるのを待って、雨畑村の名主の望月六左衛門の所へ行ってこの事情をお話ししました。

源左衛門が『この様な尊いみ仏を、かりそめにも猟師風情の家にお祀りするのは恐れ多いことであります』と言うと、名主の六左衛門は『み仏は貴殿の信仰を頼って世に出て、一切衆生に幸福を授けようという思し召しでありましょう。貴殿の所にお祀りするのは当然のことであります』と申しました。

源左衛門は信仰の志を深めて、その仏像にご給仕しました。すると不思議なことに家敷に清水が湧き出て来ました。今に至る迄どんな大旱魃の時でも水に不自由はしなくなったと伝えられています。

ある夜源左衛門は夢を見ました。その夢の中にお祀りしているみ仏が出て来られて、『是れより東に高山あり、我を其の山に送るべし、永く受持する者を守護すべし』とお告げになりました。

村人達はこの話を聞いて早速相談し、その仏像を東の高山に勧請することにしました。けれどもその翌日から大雪に見舞われて登山することができなくなりました。

翌年の二月下旬ともなると次第に雪も消えてきたので、吉日を選んで勧請することにしました。即ち貞応元年（一二二二―日蓮聖人ご誕生の年）三月一の辰の日に、村中の人々が源左衛門に同道して七面山に登りました。四十丁登った所に平の場所があったので、草木を払い地形を定めて社を営み勧請しました。村人達は村の安泰を祈って下りました。

その夜、源左衛門は夢を見ました。その夢の中で『今日勧請せし所より八丁奥に池あり、深き因縁ありて池のほとりに住み、永く雨畑村を守護す』とお告げがありました。

翌朝源左衛門はこのことを名主の六左衛門に申し入れ、お告げの通り八丁奥を探して池のほとりに社を移しました。村人達はこの神様の名前をなんと申し上げようかと評議の結果、稲又の池より出て七面山の池のほとりに住み給うので、池大神と申し上げることにしました。そして三月の一の辰の日を祭日と定め、毎年三月一の辰の日には必ず村中で登山して、祭典を執行しました。随って池大神宮は、永年雨畑村の造営する所となりました。」

身延山第三十世寂遠院日通上人直筆の池大神再建棟札本尊肩書には左記のようにあります。

『池大神者従根本雨畑造営故　今亦彼村中為造営者也（池大神は根本より雨畑が造営したるが故に今又彼の村中がこれを造営するものなり）』

七面大明神末社池大神棟札

延宝三年八月二十八日（七面山古仏堂所蔵）

（延宝《えんぽう》三年は一六七五年）

身延山第五十六世日晴上人代となって、池大神宮の造営は七面山にお任せすることを願い出、日晴上人よりご承諾の書類が下附されました。』

以上が「七面山池大神由来書」の内容です。

赤沢の妙福寺

春木川をへだてて、七面山に向かい合う山の南斜面に赤沢地区があります。

この地域は、身延山から追分を通り十万部を経て赤沢峠を越えて七面山へ参詣する本道に位置します。従って昔から七面山参詣者が行き交い、ここで一泊したり休憩したりする処として賑わってきました。しかし近年自動車道が開かれてからは、往時の賑わいはなくなってしまいました。

この赤沢地区の中央に「長徳山妙福寺」があります。妙福寺は日蓮宗に改修するまでは真言宗の寺でありました。妙福寺の縁起によると、永仁五年（一二九七）の九月に、日朗上人と波木井公一行が七面山に登る前日に、この妙福寺に一泊されました。その時妙福寺の住職は日朗上人の教化にあずかり、村人とともに改宗を決意し、管理下にあった七面山と六か坊をひきいて転宗しました。

もともと身延山や七面山は小室山等とともに山岳宗教の盛んなところであったと伝え

赤沢の長徳山妙福寺

られています。修験山伏たちの修行霊場として用いられていました。

七面山山麓の神力坊や十万部寺や妙石坊には「妙法両大善神」が祀られていますが、この妙法両大善神は、太郎坊、次郎坊の大天狗であり、関東修験道信仰の特徴を表していきます。この大天狗が法華経に来て山を守る妙法両大善神となりました。

因みに十万部寺の妙法両大善神は、僧形になる前の荒神様の姿で勧請されていて、修験道の面影を残しています。

この妙法両大善神の信仰とともに、神体山である七面山信仰は、山伏による修験道や民俗信仰や真言密教とが融合して、赤沢地区の人達を中心にして特殊な民俗信仰を形成していたのではないでしょうか。

ここからは想像の域を出ませんが、七面山には不思議な七つ池がありました。今では三の池までしか分かりませんが、当時は七つの池が水を満々とたたえていたことと思います。

神秘な神体山の七面山の池に龍神様が居られないはずはありません。真言密教を信仰していた赤沢地区の人々は、池の龍神を拝み、その池の龍神を八大龍王の娘である龍女になぞらえたのではないかと思われます。

日本では仏教が盛んになるにつれて護国経典として「金光明経《こんこうみょうきょう》」がよく読まれるようになりました。諸国の国分寺でもこの金光明経を読んで、天下泰平、五穀豊穣が祈願されました。

何故かと言うと、金光明経には「大弁才天品」や「大吉祥天女品」があって、吉祥天のご利益が説かれているからです。因みに吉祥天は、八大龍王を父とし鬼子母神を母としていると言われ、その守護の功徳は無窮と説かれています。

池の龍神信仰や吉祥天信仰や、七面山から拝むすばらしい太陽への太陽信仰等を総合しながら、七面大明神信仰は真言密教に支えられて、赤沢地区の人々に守られて来たのではないかと思われます。

日朗上人と波木井公一行が七面山へ登られた時、赤沢地区の人々が道案内をしたと言われますが、七面山が妙福寺の管理のお山でありましたので、赤沢の人々は良くなれ親しんでいたお山であったと思われます。

日朗上人によって七面山が開山され、七面大明神として勧請されてから、身延山第九世成就院日学上人（長禄三年・一四五九）の代には、赤沢地区の人々によって山上に七面大明神のお堂が建てられ、妙福寺が管理していたといいます。その後信者の数が増えてきたので、留守番を置いて鍵を預けました。それが今日伝えられている、元朝に七面山敬慎院の初開帳を妙福寺の住職が奉行し、別当職に鍵を預ける鍵取りの儀式となっています。

七面山は身延の飛地となる

七面山西麓の雨畑村の人々は、七面山に池大神をお祀りして七面山を信仰し、一方東麓の赤沢村の人々は七面大明神を信仰し、その霊顕は広く世間に広まり参詣の人々の数が年々多くなっていきました。そのようなことから七面山の所属で争いが起きました。

「身延山史」によると、この争いはお互いでは解決できなくなり役所にお願いすることになりました。役人はこの問題の仲裁にあたって、七面山は両村にまたがっているけれども、お祀りしている七面大明神は日蓮聖人の御前に示現され、お弟子の日朗上人によってお祀りされたものであるから、よろしく身延の山とするがよいと裁定しました。

この裁定に両村は応諾し、七面山の一切を身延山に寄進しました。これによって七面山上の八町歩は身延村の飛地となり、身延山の境内地となりました。山上の妙福寺所有のお堂も身延山の所有となりましたので、身延山が本格的に七面山整備に当たるようになりました。

妙福寺は七面山を身延山久遠寺に寄進した功を讃えられ、住職が初代別当に任ぜられ、七面山敬慎院の鍵と、参道六坊（宗説坊、蓮華坊、神力坊、肝心坊、中適坊、晴雲坊）の管理の任を与えられたと、妙福寺縁起にあります。

さらに日朗上人が波木井公等と七面山に登る際に、この妙福寺に一泊しましたが、その時日朗上人は「子安八幡大菩薩」を開眼し勧請されたと伝えられています。今も安産、子授け、子どもの病のご守護の八幡大菩薩として信仰を集めています。

七面信仰の広がり

宝蔵院日叙上人㈠

七面大明神の信仰は、時代を経るに従って地元中心の信仰から広く各地へ広がっていったものと思われます。

その七面大明神の信仰が、身延山の守護神として法華経信仰と密接なつながりを持って発展していくには、開山から大変な時間がかかったように思います。神様の世界での時間と人間界の時間とでは比べようがありませんが、七面大明神がこの日本の身延山の大神として出られるには、それなりの準備があったのではないかと思われます。

身延山久遠寺の伽藍を、西谷の狭あいの地から現在の中谷に移し、身延山万代発展の礎を築いた身延山第十一世行学院日朝上人《ぎょうがくいんにっちょうしょうにん》（一四二二―一五〇〇）は、膨大な著書を

日叙上人ご本尊

残した方でありますが、その日朝上人の書物の中には、七面大明神のことは何も書かれていません。

日朝上人の後を継いだ第十二世円教院《えんきょういん》日意《にちい》上人（一四四四－一五一九）、その次の第十三世宝聚院《ほうじゅいん》日伝《にちでん》上人（一四八二－一五四八）は、日朝上人の大事業を継承して身延山の進展のために精進を重ねられました。この間身延山は大いに興隆し、中興大成時代と称されるに至りました。それによって日朝上人、日意上人、日伝上人の三師が身延山中興の三師と仰がれています。

この三師の著書の中には、七面大明神の関係のことは出てきていないと、宮崎英修先生はそのご著書「日蓮宗の守護神」の中で述べられています。さらに七面大明神信仰は、その後の第十四世善学院日鏡上人、第十五世宝蔵院日叙上人、第十六世琳珖院日整上人の三代の間に育成され、広まっていったものであろうと書かれています。

第十五世宝蔵院日叙《ほうぞういんにちじょ》上人（一五二三―七八）の時代は、各地に群雄が割拠し、争乱戦国の時代でありました。甲州では甲陽武田信玄公がその勢力を拡大している時でありました。

日叙上人の出生地やその姓氏等については詳しいことは伝わっていませんが、幼少の頃から身延山へ登って第十三世日伝上人の門下になったとあります。

日叙上人は学徳も秀れ、信念も賢固でありましたので、第十四世日鏡上人の後を承けて弘治二年（一五五六）に身延山の猊座に就かれました。猊座にあること二十一年、天正四年（一五七六）西谷に定林坊を建立して隠棲し、身延山は日整上人に代を譲って天正六年五月二日世寿五十五才で遷化されました。

七面大明神の信仰が、この日叙上人の時に世間に広がる契機となったのが、武田信玄公の身延攻めであります。

因みに私の寺の妙法山定林寺は日叙上人の開基寺であり、七面山奥之院の別当寺であることを思うと、七面大明神との深いつながりを感ぜざるを得ません。

武田信玄公の身延攻め

甲州の領主武田信玄公は、何かと身延山を外護しました。しかし身延山の地勢、山容、それに環境等を気に入って、身延山に居城を移そうと思いました。

身延山は三方が高い山に囲まれ、要害賢固な所であります。不測の事態に備えるには格好の場所であります。天下をねらう信玄公は、ここに城を築きたいと思い、古老の家臣を遣わして礼をつくしてこれを求めました。

「もし身延山を明け渡してくれるならば、身延山の倍以上の土地を差し上げたい」というのでした。

一山は騒然としてこれを議しました。何にしろ天下の信玄公の申し出ですから簡単に結論は出ませんでした。

時の身延山の法主は、第十五代宝蔵院日叙上人でした。日叙上人は議論百出する中でこう言われました。「われらの山身延山は、日蓮聖人棲神の山であり、七面大明神守護の霊山である。たとえ信玄公の望む所であっても、これに応ずることはできない。私は堂々とこのことを陳べてお断りしたい。もしそれによって逮《とら》えられるようなことがあるならば、この山僧の命をかける覚悟である」と。

一山の人々はこの日叙上人の言葉に感泣し、このことを信玄公に伝えました。信玄公は大いに瞋ったといいます。元亀三年（一五七二）四月十一日、信玄公は大軍を率いて身延山を囲みました。

一山の僧侶たちは、祖師堂に集まり日叙上人を導師に昼夜に唱題読誦し、身延山の安泰を祈りました。

時に七面山の峯には、甲冑《かっちゅう》姿の武士や車馬幾千万の軍勢が立ち並んで武田軍を迎えていました。武田軍はこれを見て恐れおののき、近づくことができませんでした。

信玄公が自ら馬を進めて攻めようとした時、神箭《しんせん》（神の矢）が飛んで来て舌根を刺したといいます。おそらく信玄公は夢うつつの中で、それを感じ、自分の罪を反省したと思います。

信玄公は驚いて、そのことを懺悔し、直ちに身延山の日叙上人に陳謝したと言います。

日叙上人は、その旨をご宝前に言上しました。そして、翌年信玄公は舌根を病んで終に逝きました。

七面大明神の神力は、多くの人々に伝えられ、身延山の守護神、法華経信仰者の守護神として、その名が広まっていきました。

参詣者の増加とともに山道も整備され、山頂の建物、特に七面大明神のお宮等も、次第にその体裁を整えていったものと思われます。日叙上人の出現は七面山にとって時の然らしむるものでありました。

宝蔵院日叙上人㈡

七面山が身延村の飛地となり、身延山の境内地となり、七面山のお堂は身延山の直接の管理となって、七面山は急速に社殿等の整備が進んでいったものと思われます。その時期が身延山第十五世日叙《にちじょ》上人の代であったとされています。さらに武田信玄公の身延攻め等の事などによって、七面大明神の神力が喧伝されていきました。

因みに七面山敬慎院の釈迦堂には、「宝蔵院日叙上人」と「心性院日遠上人」の二基の位牌がお祀りされているといいますから、宝蔵院日叙上人は七面山の中興開山として崇められていたことを示していると思われます。

心性院日遠上人（身延山第二十二世）は、七面山の女人禁制を解いた養珠院お万の方の師匠で、この頃から七面信仰が爆発的に広がったことから、その功績を讃えてお位牌が祀られたものでありましょう。この養珠院お万の方の信仰については、後に詳しく書くことにいたします。

宝蔵院日叙上人が身延山の猊座に就かれたのは、弘治二年（一五五六）の三十三才の時でありました。それから在山二十一年、五十四才の時に隠棲しその翌年ご遷化になりました。

日叙上人は隠棲するに及んで定林坊を建立しました。その任に当たったのが、日叙上人の高弟妙法山定林寺の開山定林院日定上人でした。

妙法山定林寺

定林寺は、元は「妙光庵」という小室山の配下の真言宗のお寺でした。小室山が改宗しても、そのまま真言宗でありました。

しかし身延山の日叙上人の教化によって日蓮宗に改宗しました。由緒書には「天正年

妙法山定林寺

中に、叙氏の御教化を以て改宗す。其の定林坊を移して妙法山定林寺と号し、御隠居座し御坐候。」とあります。

従って定林寺の開基は宝蔵院日叙上人となっています。開山の定林院日定上人は、日叙上人の信任が篤い方でした。それでご自身が教化し改宗した定林寺を開山として任されたのだと思います。

日叙上人は、定林寺が開山されると、ご自分の関係で身延山定林坊の檀越であった当地の檀越を定林寺に預けました。

その日叙上人から預かった身延山定林坊の檀越がどの家であったか定かではありませんが、私は日叙上人と信仰で結びついていた人々であったと思います。

定林寺の檀家は旧六か村にわたっていて、広く分布していますが、日叙上人と七面信仰でつながっていたのではなかったかと思っています。旧宮原村に七面講があって、長い伝統の中で今まで七面信仰を継承してきていますが、その発端はこの辺にあるのではないかと、最近思うようになりました。

また旧落居村地区の旧家の檀家に日叙上人の立派な大曼荼羅が残されていますが、この地区とも深い関係があったと思われます。

日叙上人は幼少の頃から身延山へ登って、第十三世宝聚院日伝上人の門下となりました。伝記によると出身地も、姓氏も詳しいことは伝わっていないとあります。

これによって想像をたくましくすれば、私は日叙上人は甲州のこの六郷地区の出身ではないかと思ったりしています。

それ故この定林寺を改宗し、ご自分が隠棲され、定林坊のこの地区の檀越を定林寺に預けられたのではないかと思います。その根底にあったものは七面大明神への信仰であり、宮原講中が七面山奥之院影嚮石を丹精し、その信仰をいまに伝えているその根元がここにあるように思えてなりません。

定林寺が宮原講中を檀家に持ち、七面山奥之院の四年交替の別当寺として、七面大明神にご給仕させて頂く仏縁は、本当に因縁深重なるものがあることをつくづく感じます。

七面大明神の大曼荼羅勧請

七面大明神の信仰が、日叙上人の頃から広がっていきましたが、大曼荼羅にはじめて七面大明神が勧請されたのは、大阪雲雷寺開山上人の「宝塔院（雲雷坊）日宝上人」の大曼荼羅です。

それは天正二十年（一五九二）十二月八日に書かれたもので、「南無七面大明神」とあります。この本尊が書かれた年は、日叙上人が還化して十四年後ですが、その間に七面大明神の名前が公式に認められるようになっていきました。

大阪雲雷寺を開いた日宝上人は、生没年未詳とあって、その出自について詳しくは分かりません。ただ「関西身延京都妙伝寺十二世」から大阪雲雷寺を開山していますので、身延山と深い関係のある上人であったことは確かです。

関西身延京都妙伝寺は、身延山第十一世行学院日朝上人の弟子の身延山第十二世円教院日意上人が開山したお寺です。開山にあたって日意上人は、日蓮聖人の御真骨のご分骨を身延山より拝戴して奉安し、さらに七面大明神を勧請して、遠隔の信徒のために参詣の便を開いたと、日蓮宗寺院大鑑にあります。

日宝上人は雲雷寺を開山する六年前に、京都妙伝寺でこのご本尊をお書きになりました。

社殿の造営

七面さまのご利益が世の中に広まっていくとともに、お参りの方が増えていったことと思います。

お参りの方が増えていけば、参道や七面山の社殿等も自然に整えられていったことでありましょう。

文禄《ぶんろく》五年（一五九六）、徳川家康が天下を取る七年前の、身延山十八世妙雲院日賢上人《みょううんいんにちけん》の時に、七面山に七面大明神の宝殿が建立されました。

それまで七面山には小さなお堂が建てられていて改築や修復が続けられてきたと思い

ますが、この日賢上人によって正式な宝殿が建てられたことになります。

宮崎英修先生の「日蓮宗の守護神」には、日賢上人が「七面大明神宝殿常住之守護本尊」を図しているとあります。このご本尊は、いま身延山久遠寺に蔵されているとのことですが、ぜひ一度拝む機会に恵まれたいと思います。

この七面山の宝殿は、その後八十年経った延宝二年（一六七五）の、身延山第三十世寂遠院日通上人《じゃくおんいんにっつう》の時に改築され、七堂伽藍の偉容が整ってくることになります。

七面山にはじめて七面大明神の宝殿を建立した日賢上人という法主様は、鳥取県の出身の方でした。若い時から勉学に励み、身延山に来て第十七世の慈雲院日新《じうんいんにっしん》上人の許で行学の修行をしました。このお師匠様の信任が厚く、三十三才で日新上人の後を継いで身延山の猊座に就きました。四十一才で遷化されるまでの八年間在任されましたが、その間身延山山内のことで大きな功績を残されました。本堂を始めとして天照八幡社拝殿や唐門、方丈等を建立されました。

その浄業を支援したのは、日蓮宗唯一の門跡寺院の村雲端龍寺の村雲日秀法尼や浅野忠吉公等を始めとして大勢の帰依者達でした。このことから想像するに、日賢上人は七面大明神を信仰して、七面さまからお力を頂いてこのような大浄業を成すことができたのではないかと思います。

七面山は、宝殿の建立とともにいよいよ身延山の守護神として、そして一切衆生を救う守護神として、その信仰が広がっていきました。

女人禁制を解いた養珠院《ようじゅいん》お万《まん》の方《かた》

養珠院お万の方が七面山を登るまでは、七面山は女人禁制のお山で女性は登ることができませんでした。

お万の方は徳川家康公の側室で、身延山第二十二世心性院日遠上人を師匠と仰いだ法華経の熱心な信仰者でした。

一切衆生を救い、法華経を信仰する者を守ると誓われている七面さまのお山に、女人が登ってはいけないことは不条理だと思っていました。

元和元年（一六一六）に家康公が亡くなると、お万の方は髪を下ろして養珠院《ようじゅいん》と号しました。その時お万の方は四十才でした。

その後お万の方は、年来の念願であった七面山登詣を果そうと、家康公の三回忌を済ませた翌年の元和五年（一六一九）に、七面山麓の白糸の滝で七日間水行し、七面山に登詣して女人禁制を解きました。養珠院お万の方は、その時四十三才でした。

その後寛永《かんえい》十七年（一六四〇）の六十四才で、第二回目の登詣をしました。その九年後の慶安《けいあん》二年（一六四九）に第三回目の最後の参拝を果たしています。その時お万の方は七十三才でした。その四年後七十七才で、江戸の紀州邸で生涯を終えられました。

このお万の方によって女人禁制が解かれた七面山は、その信仰が広く世間に広まり、老若男女の人々が七面さまのご利益に浴せんと、登詣する人々が増えていったことと思います。

女人禁制を解いたばかりでなく、七面さまの信仰を広めたことから、養珠院お万の方の銅像が七面山麓の白糸の滝（お万の滝）の前に建てられて、その功績を後世に伝えています。

お万さんのこと

養珠院お万の方のことを、私達は「お万さん」と親しみを込めて呼んでいます。おそらくお題目を信仰する人達は、ずっとこう呼んできたのではないでしょうか。それだけに庶民的で、みんなに親しまれてきたのだと思います。その原因の一つが、私は七面信仰にあったのではないかと思います。

お万さんは、南房総、いまの千葉県の勝浦城主、正木邦時公の娘として生まれました。南房総は日蓮聖人の生まれ故郷ですから法華経の信仰が盛んな所です。この勝浦城主正木邦時公も法華経信仰の篤い方でしたので、お万さんは生まれながらにしてお題目の信仰を植えつけられ育てられました。

四才の時に、同族の正木憲時に攻められて、城の下の四十メートルの急な崖を、松の根にさらしの布をつないで海に下り、小舟で逃げました。

その後伊豆の河津《かわず》城主蔭山家の養女となりましたが、この河津城も豊臣軍に攻められて河津を脱出し、叔父である日養上人が住職する加殿《かどの》の妙国寺の一隅に身を寄せることになりました。加殿の妙国寺は、日蓮聖人の直弟子六老僧の一人、日昭上人の法孫の日

お万の滝とお万の方の銅像

運上人によって建立された寺です。この後鎌倉の戦乱を避けて、日昭上人創建の浜の法華寺がこの寺に移されて合居した名刹です。

加殿《かどの》の妙国寺に身を寄せたお万さんは、そこで法華経への信仰を養い、さらにいろいろな教養を身につけていったものと思われます。

ほどなくして法華経の熱心な信者である伊豆の代官江川家に奉公することになりました。そこでも行儀作法等を厳しく仕込まれたと思います。

その頃徳川家康は、大阪城、伏見城と江戸城とを往復していました。その途中江川家に立ち寄った時、容姿端麗で豊かな教養がにじみ出ているお万さんに出会い、側室として迎えられることになりました。時に文禄《ぶんろく》二年（一五九三）、お万さん十七才でありました。徳川家康公が征夷大将軍になり江戸幕府を開く十年前のことであります。

その後お万さんは、京都伏見城に落ち着くことになり、家康の寵愛を受け、後の紀伊徳川家の祖となる徳川頼宣《よりのぶ》と、水戸徳川家の祖となる徳川頼房《よりふさ》の二男を儲けました。

京都には日蓮宗の名刹がいらかを並べています。その中の本満寺には、天下の名僧で日蓮宗中興の祖と仰がれている日重《にちじゅう》上人、日乾《にちけん》上人、日遠《にちおん》上人が居られました。

お万さんが二十二才の頃だと言われます。この本満寺の法莚に連なり、法華経信仰を深めて、恩師と仰ぐ日遠上人と出会いました。

日遠上人と慶長法難《けいちょうほうなん》

日遠上人は京都の生まれで、千葉県匝瑳市の日蓮宗僧侶の教育機関であった飯高檀林《いいだかだんりん》の化主《けしゅ》（学長）でありました。

日遠上人は京都の本満寺の日重上人の弟子で、兄弟子が日乾上人です。その兄弟子の日乾上人が身延山第二十一世の法主の猊座を退くに当たって、その後を承けて身延山第二十二世の猊座に登りました。その時日遠上人は三十三才でした。慶長九年（一六〇四）のことです。

日遠上人は身延山に入るや布教興学に力を入れ、西谷の学問所の善学院を改築して檀林（学校）とし、規制を定めて開講し自ら化主（学長）を務められました。

その他身延山の整備にも力を注ぎ、五年在山する間に、日蓮聖人の廟堂と拝殿を移建し、厨司、宝蔵を建立し、さらに日蓮聖人の御真骨堂を創建して、祖山の面目を一新しました。

その身延山に日遠上人が在山していた時に、お万の方は駿府城に移って来ました。身延山に近い静岡に来たお万の方は、日遠上人の教化をさらに請い、生涯の師と仰ぐことになりました。

そんな時に、徳川家康に関わる「慶長法難」が起ったのです。

当時京都の本山妙満寺の貫首に常楽院日経《じょうらくいんにちきょう》上人という方が居りました。学識も弁才も共に秀れていて、諸国を巡錫《じゅんしゃく》して法華経を各地に広めていました。

慶長十三年（一六〇八）に尾張に入り、その熱列な布教活動は各地に衝撃を与えました。

浄土宗の僧侶達は反撃に立ち、日経上人に問答を申し入れて来ました。これに対して日経上人は、古来の格式によって公場での対決を主張しました。

浄土宗側は、このことを徳川家康に訴えて、種々のことをざん訴しました。家康は中に入っていろいろ取りもとうとしましたが、日経上人はこれを聞き入れませんでした。終には城中で公場対決することになりました。

しかし問答の前夜、日経上人は暴漢に襲われて、めった打ちにされ気を失ってしまいました。これでは問答できる状態ではないと判断した弟子達が、その事を幕府に申し立てて問答の延期を願い出ました、しかしそれは聞き入れられず、幕府からは戸板に乗せてでも登城せよとの厳命でありました。

江戸城中での問答は、日経上人が意識を失ったままの中で行われ、日経上人は一言も答えることができず、判者は日経上人の袈裟をはぎとり、法華宗の敗北と断じました。日経上人は牢獄に入れられ、五人の弟子も水責め等の拷問を受けました。

翌慶長十四年（一六〇九）二月二十日、日経上人は弟子五人とともに京都市中を引きまわしの上に、京都六条河原で耳鼻のそぎ落としの刑に処せられました。五人の弟子達も鼻を切り落とされ、その中の一人日玄上人は出血多量で、その夜にお亡くなりになりました。その時日経上人は五十八才でした。

幕府は日経上人師弟を京都から追放し、一処に安住することを許しませんでした。

しかし日経上人達は北陸路をたどり、各処にかくれて布教し、小浜、福井、釜屋と諸国を流浪して法華経流布の情熱を燃やし続けました。

加賀藩主の前田家の庇護を受けて加賀（石川県の南部）に趣きましたが、これも幕府の知るところとなり、富山へと向かい追害の中、法華経を弘通し続けました。元和六年（一六二〇）十一月二十二日、富山在の外輪野で寂しました。六十一才でした。

日経上人は、あのむごい慶長法難をものともせず生涯布教に生き、それにより建立した寺院は全国にわたっていて、五十余か寺を数えています。

この慶長法難の直後、幕府より「念仏無間」の文は経釈ともにないとの誓状を出すようにと、身延山に要求されました。身延山の日遠上人は、これを断固として断りました。

そして先の日経上人の法論を不正と断じ、やり直しを申し出ました。

日遠上人とお万さん

日遠上人とお万さんとの出会いは、先にも書きましたが、お万さんが京都の本満寺の法筵になったことから始まったと言われています。

それから駿府城に住してからは身延山に参り、法主となられた日遠上人のご指導を頂いて終生の師と仰ぎました。日遠上人は身延山在山中には、諸堂の整備に当たり、また教育の復興にも情熱を注がれました。その清浄の檀越として協力し支援を惜しまなかったのがお万さんでした。

特にお万さんの外護によって、三間半四方の日蓮聖人のご真骨宝殿が建立されました。これが日蓮聖人のご真骨堂初めての建物であります。

日遠上人が身延山法主の在任中に慶長法難が起こり、徳川家康公は身延山や池上本門寺や京都諸本山に対し、「念仏無間の文は経釈にない」との誓状を幕府に提出するようにと要求してきました。

これに対して日遠上人は、きっぱりと断り、先の日経上人と浄土宗との法論は不正と断じ、改めて先の対論者であった人々の師匠を相手に、問答のやり直しを求めました。

天下の大権力者であった徳川家康公は大いに怒り、幕府の命令に反抗する罪は死罪に当たるとして、日遠上人を駿府（静岡）の安倍の河原で磔《はりつけ》の刑に処することにしました。

このことを聞いた徳川家康公の側室養珠院お万の方は、恩師の一大事を救けんと決し、白装束に身をかためて、家康公につめよりました。

「日蓮聖人は私の信心教導の本師です。本師が刑死するならば、私もまた殉死いたします」と言ったと、「身延山史」に記されています。

お万の方の信仰の情熱に打たれた家康公は、日遠上人を赦しました。特にお万さん三十三歳の時であります。

磔の刑を免れた日遠上人は、一旦刑を受けた身であるのだから身延山の猊座にとどまるわけにはいかないと言われ、慶長十四年大野に一室を構えて退蔵されました。

このことは天聴にも達し、時の後陽成天皇はお万の方の信仰を讃えてお題目の七字を大書して、お万の方にお与えになりました。お万さんはこれを身延山に納められました。「身延山史」には、身延山に現存とありますので、ぜひ拝したいものです。

日遠上人が大野に退蔵したことを知ったお万さんは、息子の紀州大納言頼宣公と水戸中納言頼房公に命じ、上人を開山と仰いで大野に大伽藍を寄進させました。これが今の大野山本遠寺であります。

大野山に退蔵されてからも日遠上人は身延山西谷檀林で法華経を講じ、第二十三世日祝上人の遷化にともない、台命によって再び猊座に登りました。しかし上人の望む所でなく、一年にして大野に帰隠しました。

また池上本門寺の日樹上人の配流の後をうけて、台命により池上に入山しました。しかしこれも在山一年余にして退き、鎌倉の経が谷に退蔵しました。

寛永十九年（一六四二）四大不調を感じ、池上に赴いて三月五日安祥として化を他界に遷されました。世寿七十一才でした。

日遠上人は信念の人でありました。その信念を支えていたものは行学でした。特に信行であったと思います。

身延山在山中、日遠上人は法華経一部経をたくさん読誦し、その数を毎日記していました。いまそれが残されていて、身延山に保存されています。

慶長法難という宗門の危機に敢然と立ち向かっていた日遠上人の勇気は、毎日続け

大野山本遠寺本堂

られた法華経読誦の信行の中から湧いてきたものだと、私は信じています。その信行の中で、当時盛んになった法華経の守護神、身延山の守護神である七面信仰が日遠上人の中にも強く醸成されていったのではないかと思います。

養珠院お万の方が七面山の女人禁制を解いて始めて七面山に登詣した時も、第二回目の六十四才で登詣した時も、日遠上人の在世中のことですから、日遠上人はお万さんの七面信仰を励ましていたと思われます。

大野山本遠寺には、お万さんが尊信した法華経提婆達多品に説かれている「八才龍女像」があります。お万さんは、この八才龍女像を七

お万の方のお墓（大野山本遠寺）

面大明神として信仰していたのだと思います。

恩師の日遠上人を送られたお万さんは、日遠上人の御遺骨を奉じて大野山に葬りました。

お万の方の七面さまへの信仰は、日遠上人や身延山への丹精協力にとどまらず、広く日蓮宗宗門の霊跡護持のために功徳を積まれました。

特に六老僧蓮華阿闍梨日持上人の遺蹟である静岡松野の蓮永寺を駿府城の東北に再興したり、日昭上人の妙法華寺を伊豆玉沢に移転再興したり、池上本門寺や和歌山感応寺等の各山各寺に堂塔伽藍を寄進しました。七面さまに守られたすばらしい生涯でした。

お万さんの遺品などは、大野山本遠寺に格

護されていますので、機会があったら拝観されるといいでしょう。

積善坊流《しゃくぜんぼうりゅう》祈祷の開祖日伝大徳《にちでんだいとく》

七面山に七面大明神の宝殿が建立されたのは、文禄五年（一五九六）で、身延山第十八世日賢上人の時であったことは先に書いた通りです。その時は徳川家康公が未だ江戸幕府を開いていませんでした。

養珠院お万の方が、始めて七面山に登り女人禁制を解いた時も、最後の三回目の登詣をした時も、七面山はこの宝殿でありました。

この宝殿が建立される前後に、七面さまへの信仰は爆発的に世の中に広まっていったのではないかと思われます。それは七面さまから使命を頂いて、世の中の人々を救っていった名僧たちが活躍したからでした。

古来日蓮宗にはたくさんの祈祷の流派がありました。七面大明神の神力によって祈祷する積善坊流《しゃくぜんぼうりゅう》という祈祷が身延山に伝わってきました。その積善坊流の開祖と仰がれているのが、日伝大徳《にちでんだいとく》という名僧です。大徳というのは、昔は高僧に対する尊称として使われ、特に加持祈祷をする名僧の称号として使われました。

年代は祥らかではありませんが、おそらくこの宝殿が建立された頃かと思われます。一人の僧が貧しい生活を送っておりました。身心ともに疲れ果てていましたが、法華経の読誦だけは怠りませんでした。

その僧は読誦唱題の内に入滅したいと思い、意を決して七面山に登りました。七日間一心に読誦唱題し続けた最後の日の深夜、一陣の香風が吹いたかと思うと、その僧は何とも言えないありがたい気持ちになりました。

「日伝、日伝」という自分の名を呼ばれた僧は、顔を上げて正面を見ると、煌々と輝く天女の姿の七面大明神が、にこやかに微笑《ほほえ》んでいるではありませんか。宝冠をかむり天衣をまとい岩の上に立つ姿は今までに見たこともない美しい光景でした。

その七面大明神は手に鍋を下げていました。その僧の側に来てその鍋を膝の上に置くと、静かに消えて居なくなってしまいました。

その間その僧、いわゆる日伝上人は、夢うつつのような心地でした。膝の上に授かった鍋は、七合位の大きさでした。

積善坊の坊碑

日伝上人はその鍋を押し頂いて、「ありがとうございます」と言って、額を床につけて、法悦の涙にくれました。

日伝上人は早速その鍋でお湯を沸かして飲んでみると、まるで甘露のようにおいしいお湯になっていました。お粥をたいて食べてみるととろけるようにおいしいお粥で、しかも食べても食べてもそのお粥はなくなりませんでした。

鍋のお湯やお粥を頂いた日伝上人は、六根が清浄になって生まれ変ったような気分になりました。そして七面さまから何か不思議な大きな力を頂いたような思いでした。

日伝上人はその鍋の功徳と、七面さまから霊験を頂いた喜びを人々に伝えようと七面山を下り、身延の西之坊に止まりました。

この話はたちまち四方に伝わり、一日数百人の人が西之坊を訪れ、日伝上人のご祈祷を受け、お粥を頂いていきました。このお粥を頂いた人々は、皆悩みを除き、ご利益を頂いてそれぞれ幸せになりましたので、日伝上人の名はますます世間に知られ、七面さまの信仰が広まっていきました。

この鍋は、「西之坊の七合鍋」と呼ばれ、日伝上人は日伝大徳と言われて崇められました。

西之坊に仮寓していた日伝上人は、身延の東谷に庵を結び、そこに住しました。その庵を積善坊と称しました。積善坊を開き、その積善坊の住職が七面大明神の霊験のご祈祷を伝えたことから、身延積善坊流の開祖と仰がれています。

因みに西之坊の七合鍋は、日伝上人が病の床に臥した時、小僧さんが、あまりにその鍋が汚れているのを見て、気をきかせてきれいに洗ったところ、それ以来粥は出なくなり、間もなく日伝上人もお亡くなりになりました。

西之坊の七合鍋は、あくまでも日伝上人の信心に授かったものであり、日伝上人が七面さまから授かった使命を果たすためのものであったと思います。

その後西之坊が火災に見舞われました時、七合鍋は西之坊に保存されていましたが、跡形もなく無くなってしまったということです。霊的な世界は、まさに不思議な世界です。

積善坊流中興《ちゅうこう》の祖《そ》日閑《にちかん》上人

積善坊の第十代に仙寿院《せんじゅいん》日閑上人（一五七六―一六七三）という高僧が居りました。養珠院お万の方の恩師であった身延山第二十二世日遠上人より日閑上人は四才年下でしたから、同時代に生きた方です。ですから日閑上人は、日遠上人やお万の方等とも交流があったのではないかと思います。

日閑上人は徳が高く、行学に秀れていた方でありました。日閑上人はある時、さらに修行を積もうと志して七面山に登り、一百日の行に入りました。ある夜のことです。七面大明神の御神前で、七面さまのご加護を祈って猊座し、一心に唱題しておりました。するとご宝前の花瓶にあげてあった小木の一枝が中空にかかって、日閑上人の頭上に落ちてきました。

日閑上人は、これは七面大明神が下さったものだと悟って、その一枝を懐中に頂き、一百日の修行を成満して下山しました。その後、身延の積善坊に帰った日閑上人がこの神枝をもって修法すると、祈祷の叶わないことはありませんでした。

積善坊流祈祷の中興の祖・日閑上人の御祈祷の功験は四方に聞こえ、日閑上人の許を訪ねる人は後を絶ちませんでした。

上人は特に貧しい人々や困っている人々を憐んで、そういう人々に親身になって対しました。病苦に悩む人々には、七面大明神から賜った神枝をもって祈祷すると、まさに拭うが如く快癒していきました。

子どもを求めれば子どもを得、福を求めれば福を得ることができた人々は、上人を「希代《きだい》の修験者《しゅげんじゃ》」と呼んで尊敬しました。

上人はこの名声におごることなく、素衣素食に徹し、人々の祈祷の合間を見て毎月法華一部を読誦し、唱題一万返、祈祷経七返の修行を怠らなかったということです。

ご利益を頂いた人々からの御礼はあえてこれを受けず、強いて布施を贈れば、これを貧しい人々に施し、さらにまた仏具に代えてご宝前や仏堂の荘厳を図ったとあります。

上人のご祈祷を受けてご利益を頂き、改宗したり受戒した人は幾万人にも及んだということです。七面大明神の大慈悲を大勢の人に施したご利益でありましょうか。

寛文十三年（一六七三）七月二十四日、たまたま訪れた人と一緒に誦経・唱題をしている中で、安祥として遷化されました。身延山第三十六世日潮《にっちょう》上人の「本化別頭佛祖統記《ほんけべつずぶっそとうき》」には、日閑上人は「無病坐脱す《むびょうざだつ》」とあります。上人世寿九十八才でした。元気で長生きをされた方でした。

上人の訃報を聞いた人々は皆嘆き惜しんだといいます。上人が亡くなって間もなく、七面大明神から賜った神枝は、いつの間にかなくなったということです。

日閑上人が弟子達にいつも語っていた言葉があります。それは「ご祈祷の心は、平等の慈悲心を第一とすることである。たとえ一念でも名利を求めるようであれば、必ず現罰があることを恐れなければならない」ということです。これも七面大明神から賜ったみ心だと思います。

通妙院日隆上人《つうみょういんにちりゅう》

積善坊流の流れを汲んで、七面山で修業し、七面大明神より衆生救済のお力を頂いて活躍した上人に通妙院日隆上人（一六三二―一七一〇）という方がおりました。

日隆上人は、静岡県の興津に生まれ、身延山第二十六世智見院日暹上人《ちけんいんにっせん》（一五八六―一六四八）の門に入り行学に励みました。

智見院日暹上人は弁舌に秀れていた方で、富楼那《ふるな》日暹とも呼ばれていました。身延山に諸堂を建立したりして身延山の整備充実を図って、身延山の面目に新たな光彩を添えた方です。特に菩提梯の建設に着手したり、三門を建立して十六羅漢像を勧請したり、また丈六の釈尊像を造立したりして、身延山の発展に努められました。その浄行の支援者には、お万の方を始めとした、七面大明神信仰者達が数多く居たことが想像されます。

その日暹上人の弟子となった通妙院日隆上人は、大恩師の日蓮聖人の大恩に報いるためには、悩み苦しむ衆生を救うことだと思いました。それには祈祷の道に進んで、七面大明神の神力を頂くことだと考えました。

七面山に登った日隆上人は、雪の中の池に浸《ひた》り、唱題・読誦の修行を続けました。さらに奥殿では五穀を絶っての修行をし、肌を蚊《か》や蚋《ぶよ》に施して一心に唱題し咒陀羅を唱え続けました。

その修行によって、七面大明神から大きな力を頂けたことを覚って下山しました。爾来、修験によって、病気に苦しむ人々や、邪魅につかれた人々を救い、安産、除災等のご利益を施しました。それによって名声は世に聞こえていきました。

特に日隆上人は、七面大明神より護符の秘伝を頂いたということです。その神符に日隆上人が陀羅尼を誦して病気の人に服せしめると、病気が日を追って治っていきました。

それを聞いた伊勢桑名の城主松平定綱公は、息子の定良が年来病弱で悩んでいましたので、日隆上人にご祈祷をお願いしました。定良は上人の護符を服してお加持を受け、父子ともに上人に至心に帰依して信心に励みました。

定良の病は次第に快方に向かい、父定綱公の死後はその遺領を継いで、領民を大切にして領地の繁栄のために尽くしましたが、再び病悩を得て桑名の地で没しました。法号を光徳院殿円妙日法大居士といいました。

定良公の養子定重は、亡き義父の菩提のために桑名東方村に一宇を創し、日隆上人を開山に仰いで、「光徳山円妙寺」と号しました。さらに日隆上人の高徳を讃えて朝廷にお願いし、権律師の称号を賜りました。日隆上人は七十九才で東京谷中で遷化されました。

雲切り木剣の満行院日順《まんぎょういんにちじゅん》上人のこと

積善坊中興の祖第十代日閑《にちかん》上人の法孫に当たる満行院日順上人（―一七一六・正徳六年）が、積善坊の第十四世を継ぎました。

その頃積善坊の住持となった者は、七面山で一千日参篭して修行するということになっていました。最初に一百日修行をし、その後は三十五日とか二十一日位ずつ、積善坊での祈祷の間を見て七面山へ登って千日を成満するという決まりになっていました。日順上人はその決まりに従って七面山で一百日の修行をしました。その時に祈祷修法の奥義《おくぎ》を悟り、七面大明神より不思議な神力を授かったといいます。その後一千日を成満し、七面信仰の流布に尽くされました。

ある年日順上人は、身延山法主猊下のお伴をして江戸に赴きました。業務を終えて帰途につき、箱根の本迹寺に泊まりました。丁度その夜が中秋の十五夜でした。しかし残念なことにその箱根の空は一天雲に覆われていて、明月を拝むことはできませんでした。法主猊下は、中秋の名月が拝めないことを嘆かれました。

法主猊下の嘆かれる言葉を聞いた日順上人は、木剣を持って庭に下り立つと、空に向かって九字を切って木剣を振って祈祷しました。

木剣の音は天地に響き渡っていきました。すると今まで曇っていた空はたちまちに雲が切れ、中秋の名月が現れ出ました。法主猊下を始め、本迹寺に宿していた一行や、本迹寺の人々の喜びは申すまでもありませんでした。

それ以来日順上人は、「雲切り満行院」と呼ばれその名声は世間に広まり、幾多の人々の苦悩を救済していきました。

元禄六年（一六九三）から元禄八年までの三年間、千葉中山の円立坊三世の遠寿院《おんじゅいん》日久《にちきゅう》上人は、七面山に七回参詣し、百か日の参篭修行を終えて、雲切り満行院日順上人より指南を受け、中山流の修法を完成させたとあります。その後円立坊は、日久上人の徳を顕彰して遠寿院と改称されました。

満行院日順上人は、入寂の前年の正徳五年（一七一五）四月八日に、身延山第三十三世遠沾院《おんでんいん》日亨《にちこう》上人より御本尊を授与され、それが今身延山に所蔵されているということです。その翌年の二月十二日に遷化されましたが、世寿は詳かではありません。

因みに「雲切りの木剣」は、身延山宝蔵に所蔵されているということです。

「大験者上人」一道院日法上人《いちどういんにっぽう》のこと

七面山で修業し、その霊験を頂いた上人達は、それぞれの御縁で活躍し、衆生救済のために精進し、七面大明神の信仰を広めていきました。

その中で一道院日法上人（一六五九―一七一九）も際立って活躍された方です。日法上人は甲州に生まれ、出家を志して身延山第三十一世一円院日脱《いちえんいんにちだつ》上人の弟子となって行学に励みました。身延山支院岸之坊の第二十二代を継いで、身延山や七面山で修業を重ねていましたが、京都布教のために上洛し、五条の堀川本蔵寺に住して鴨川で一千日の荒行を修しました。

修法の奥義を授かった日法上人を頼って来る人々は後を絶たず、本蔵寺の門前は市をなしたと伝えられています。

ここで日法上人は救済を求めてくる人々に修法をしてご利益を与える傍ら、法華経陀羅尼品の読誦を始めました。宝永五年（一七〇八）には陀羅尼品六十六万巻読誦の大修行を成満し、その年の五月に本蔵寺境内に、読誦成満の供養塔を建立しました。

翌宝永六年（一七〇九）の三月、霊元上皇《れいげんじょうこう》が仙洞御所《せんどうごしょ》を造立することになり、その普請安全、無事成就の祈願を依頼されました。上人は七日間一心に祈願を凝らし、その願いを成就することができました。そのことによって日法上人は朝臣の間に信頼され、修法のご利益がいよいよ世間に知られることになりました。

またその普請無事成就の御礼として、関白鷹司《かんぱくたかつかさ》殿より本蔵寺に、「経王御祈祷所《きょうおうごきとうしょ》」の勅額が贈られました。その勅額には、「大験者《だいげんじゃ》一道院日法上人に之を与う」と書かれていました。

それによって、日法上人は京都の人々から「大験者上人」と呼ばれて敬われました。さらにその勅額を頂いた記念に、本蔵寺を「一道院」と改めました。

また正徳二年（一七一二）には霊元上皇の御病悩の平癒を御所に於いて祈祷することになりました。日法上人は日蓮聖人、鬼子母神像を御所に勧請し七日間上皇の当病平癒を祈祷し、上皇はこのご尊像の前で毎日お加持を受けました。

上皇の病気が平癒したお礼に、上皇は「日蓮大菩薩」とお書きになられた宸翰《しんかん》を日法上人にお与えになりました。日法上人は一道院に新たに祖師堂を建立し、この天拝の日蓮大菩薩像と鬼子母神像を勧請し、皇室の安泰を祈願し続けました。これによって御所からは黄金三百両という大枚のご祈祷料を賜ったと、宮崎英修先生の「日蓮宗の祈祷法」のご著書に記されています。

後、日法上人は生まれ在所の甲州に帰り、青柳昌福寺の第十二世に就いて、虫切加持を伝えました。

伽藍の整備

七面山・七面大明神本宮の再建

七面山に七面さまの宝殿が建立されたのは、文禄五年（一五九六）で、身延山十八世の妙雲院日賢《けん》上人の時でした。

七面さまの信仰が広がっていくとともに、七面山は次第に整備されていったものと思われます。

身延山も歴世を経るに従って整備され輪奐《りんかん》の美を整えていきました。特に中興三師と仰がれる第二十世日重《にちじゅう》上人、第二十一世日乾《にちけん》上人、第二十二世日遠《にちおん》上人の代にはめざましい発展を遂げました。その後第三十世日通《にっつう》上人に至るまで身延山は伽藍の整備や境内の整備が行われ、祖山の隆盛期を迎えました。

祖山の発展にともなって七面山も繁栄し、いよいよ七面山の伽藍も整えられることになっていきました。最初の宝殿ができてから実に八十年を経過しておりました。それは身延山第三十世日通上人の時であります。

身延山第三十世寂遠院日通上人のこと

日通上人（一六一四―七九）は、元和元年に京都の松田家に生まれました。八才の時に得度し、京都妙伝寺の日勇上人に師事しました。俊英の誉れ高く寛永十七年（一六四〇）二十六才にして鷹ケ峰檀林《たかがみねだんりん》の講壇に立って「法華玄義《ほっけげんぎ》」を講じていました。

師の日勇上人は山科檀林を創設した方でしたので、師の命によって山科檀林で学徒に講義しました。山科檀林で講ずること八年、日勇上人の後を継いで京都妙伝寺の第十五世となりました。

寛文元年（一六六二）に京都の西岡に真如寺を開創し、再び鷹ケ峰檀林の請いを受けて「法華文句《ほっけもんぐ》」を講じました。その後日蓮宗の根本檀林と言われた千葉県八日市場市飯《いい》高《だか》に在った「飯高檀林」の第十五世の化主《けしゅ》（学長）に就きました。その時日通上人の学徳を敬慕して、七十余人の門下の学僧達が上人に随って飯高に赴いたということです。

飯高檀林の化主となると、四方から学僧が集まり上人の下で行学に励みました。上人はその学徒に対して、華美の服装や生活を戒め、宴会などは禁止し、専ら質素で清貧の生き方を本旨として教導に当たりましたので、飯高檀林の名声は広く天下に聞こえていきました。

寛文八年（一六六八）には、池上本門寺の第二十世の貫主に就き、本門寺に在ること四年、本門寺の興隆のために大いに力を注ぎました。

寛文二年（一六七二）、身延山第二十九世隆源院日莚《りゅうげんいんにちえん》上人の後を承けて、第三十世の猊座に登りました。上人五十八才の時であります。

上人身延山に瑞世するや直ちに身延山の山林に、水屋より追分に至る杉並木二万本を植林し、身延山山林護持事業に着手しました。

翌延宝元年（一六七三）には、大久保助左衛門氏の外護によって大講堂（三門四方）を建立しました。さらに翌々年の延宝三年からは、いよいよ七面社本宮を始めとする七面山本社敬慎院の諸堂の建立と七面山の整備に着手し、七面山の伽藍が見事に整うことになりました。七面山開山以来実に三七八年が経過していた時でもありました。

上人身延山に在ること八年、大いなる浄行を成し遂げて延宝七年（一六七九）谷中瑞輪寺に退いて病を養い、同年二月十一日、六十六才をもって遷化されました。門下には数多くの俊英が並び、日通上人の法脈を継いで通師《つうし》法縁《ほうえん》と称されて現在に至っています。

七面山伽藍整備

身延山第三十世寂遠院日通上人の時に、整備された七面山のことが、第三十三世遠沾《おんでん》院《いん》日亨《にちこう》上人（一六四六—一七二一）の書かれた「身延山久遠寺諸堂建立記（身延山諸堂記）」に詳しく載っています。

ここにその内容を記載させて頂きます。

身延山諸堂記　七面山

一、明神本宮　三間半ニ四間、再建四間四方

一、幣　殿　二間半ニ二間、再建四間三間

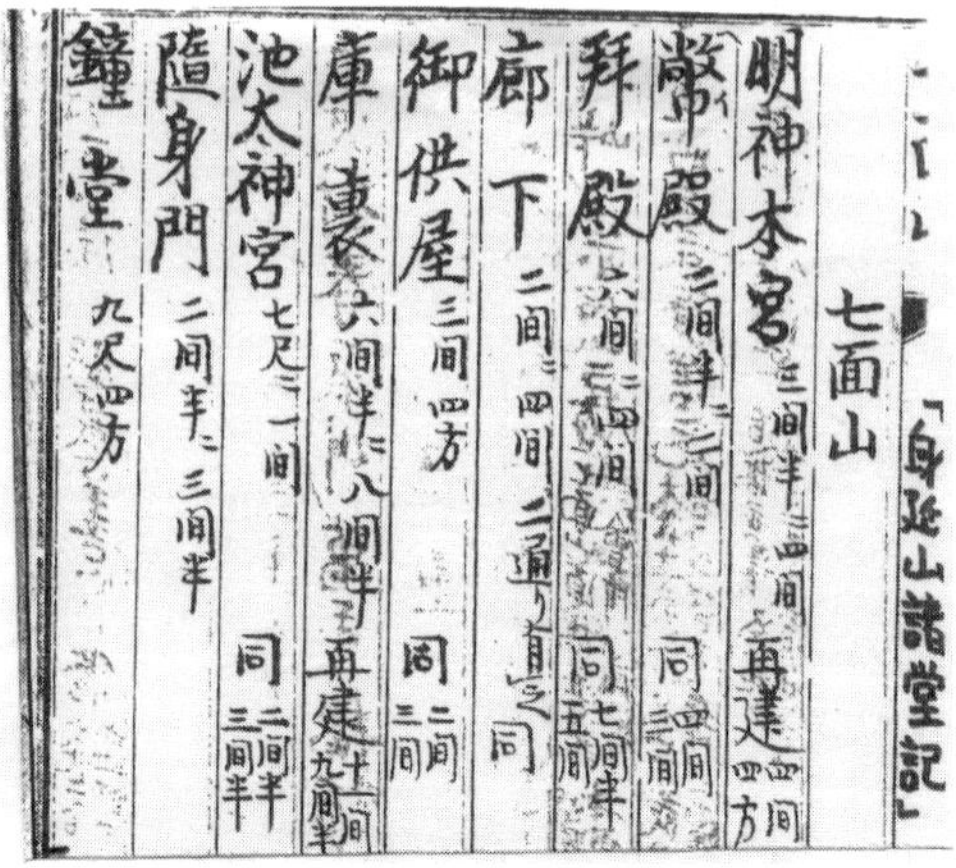
「身延山諸堂記」
七面山
明神本宮　三間半ニ四間　再建　四間四方
幣殿　三間半ニ三間　同　四間
拝殿　六間ニ四間　同　七間半五間
廊下　二間ニ四間　二通り有之　同
御供屋　三間四方　同　二間三間
庫裏　六間半ニ八間半　再建　十一間九間
池大神宮　七尺ニ一間　同　二間半三間半
随身門　二間半ニ三間半
鐘堂　九尺四方

身延山諸堂記

一、拝殿　六間ニ四間　再建七間半五間
一、廊下　二間ニ四間ニ通り之れ有り　再建
一、御供屋　三間四方　再建二間三間
一、庫裏　六間半ニ八間半　再建十一間九間
半
一、池大神宮　七尺ニ一間　再建二間半三間半
一、随身門　二間半ニ三間半
一、鐘堂　九尺四方
一、客寮《きゃくりょう》　再建十間八間
一、籠《こも》り屋《や》二宇　再建二間半十間

右一式は第三十世通師の代に建立せり。通師の本尊は宮殿の内に張りて之れ有り。七面社造営遷座《せんざ》の時に之れを収む。延寶三乙卯《きのとう》年八月上旬八日、日通判形とあり。

此の時の執事《しつじ》は、山本房歴代学禅院日逢なり。甲駿両国を巡りて道俗を勤化《ごんげ》す。

三十三世日亭《にちこう》代に七面山別当修善院日得《しゅうぜんいんにっとく》勤化して金柱、惣綵色金張附絵天井、金物惣

雨覆《おお》い雨戸、玉垣、池の端並びに門水溜《た》めの井、惣門等は、或いは之れを建立し、或いは之れを修飾《しゅうしょく》す。雨湿《じ》り防がんが為に悉く油丹を以て之れを塗る。

七面の尊像、万治三年十月吉日、身延山二十八世日奠《でん》判形。施主京布袋屋笹田市左エ門、深信院妙観日成。

御尊像、仏具等の奉納

身延山諸堂記には、七面山の伽藍の整備に続いて、七面大明神の御尊像を始めとして仏具等の奉納年月日や奉納した施主の名前が記録されています。

一、七面大明神尊像は、万治三年（一六六〇）十月吉日に、身延山第二十八世妙心院日奠《でん》上人代に、京都の布袋屋笹田市左エ門《ほていやささだいちざもん》（深信院妙観日成）が施主となって納められました。台座には日奠上人の判形があります。

一、四天王像（持国天《じこくてん》、増長天《ぞうちょうてん》、広目天《こうもくてん》、多聞天《たもんてん》）は、身延山第二十六世日暹《にっせん》上人の判形があります。この像を納めた施主は、本阿弥市郎兵エ《ほんあみいちろうべえ》とあります。

一、宮殿内寶蓋《くうでんないほうがい》は、延寶二甲寅年《えんぽうきのえのとら》（一六七四）に、惣題目講中の施主で納められています。

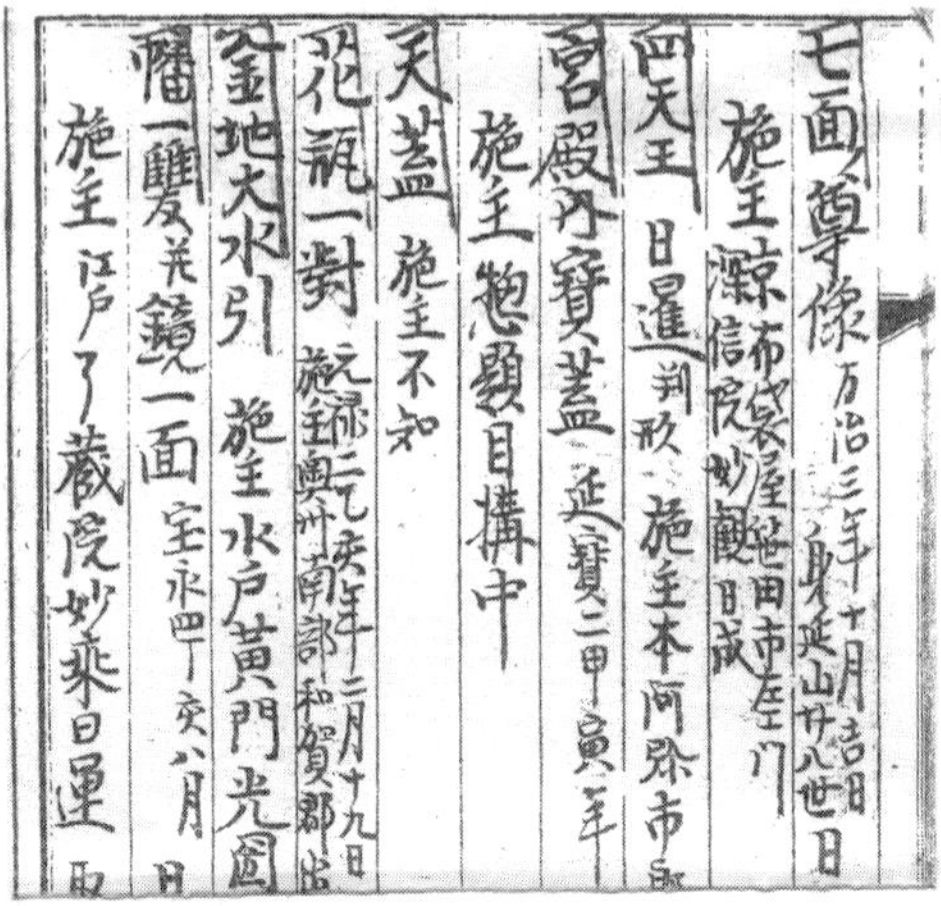

身延山諸堂記

一、天蓋《てんがい》の施主は不明。

一、花瓶《かびん》一対は、元禄《げんろく》二己巳《つちのとみ》年（一六八九）二月十九日に、奥州《おうしゅう》南部和賀郡、出渕久左エ《でぶちきゅうざえ》門尉房種《もんじょうふさたね》の施主で納められています。

一、金地大水引《きんじおおみずひき》は、水戸黄門光圀の施主。

一、幡《ばん》一双《そう》鏡一面は、宝永四丁亥《ひのとい》年（一七〇七）八月に、江戸の了蔵院妙乗日運の施主で納められ身延山第三十三世日亨《にちこう》上人の判形があります。これを取り次いだのは最教寺であるとあります。

一、小幡《しょうばん》一双《そう》は、六郷の千之助政久九歳が祈祷の為に宝永《ほうえい》七庚寅《かのえとら》年（一七一〇）六月吉日に納めてあります。

一、小幡《しょうばん》一双《そう》は、松平二十郎（究竟院相報日等）が祈祷の為に納めています。

その他に幡が二双と一体、宝永年間に納められています。

一、鐘は、仙石越前守政明《えちぜんのかみまさあき》の室で、法号清耀院円珠日浄より納められています。

一、同堂（鐘楼堂）は、富士郡大宮村渋谷又左エ門渋谷平兵エ、横関与兵エの施主で建立。
一、随身像《ずいしんぞう》二体は、身延山第三十世日通上人の判形があります。施主は中川佐渡守《さどのかみ》久恒の奥方で、法号は長寿院妙応日慶とあります。
一、随身門《ずいしんもん》は、甲州原の住人の内藤氏で、道栄妙證院法忍日行の施主で建立。
一、惣門《そうもん》は、赤沢講中により建立。
一、三具足《ぐそく》は、江戸浅草御蔵前大坂ヤ与兵衛により納められています。
一、金灯篭《かねとうろう》は、江戸御蔵前市利女、万女により納められています。
一、机十一脚の願主は善通院日忍で、江戸芝金杉二丁目大坂屋次郎兵エであります。
一、磬《かね》は、泉州の高瀬忠左エ門によって納められています。
一、金柱《きんばしら》の箔《はく》の本殿は、古市場の大久保助右エ門巳上十二人であります。
一、常灯明灯篭《じょうとうみょうとうろう》並台《だい》の納主は、江戸牛込修行院。
一、半鐘《はんしょう》の納主は、尾州名古屋の桜井と小出であります。
一、金鉢《かねばち》は、泉州高瀬忠右エ門によって納められています。
一、時計の本願は、江戸日本橋万町大坂ヤ芝兵エ、半兵エ、久次郎等二十三人であります。

一、大鏡の本願は、江戸金子新左ェ門宗円の一結講中であります。
一、玉垣《たまがき》の施主は、長崎大之町宮崎清助であります。
一、石灯篭二基は、鰍沢青加与治右ェ門、身延望月竹之助により納められています。
一、水屋の願主は、北山竹助、西八幡村久兵衛であります。
一、鳥居の永代施主は、西花輪村の飯村兵蔵であります。
一、船は、黒沢村中、初鹿嶋村中に依って納められています。
一、神前柱十四本は、赤沢村中の奉納であります。
一、篭屋《こもりや》二間四間は、鰍沢村中の寄進であります。
一、篭屋二間七間は、黒沢村中の寄進であります。

供養物

この身延山諸堂記の七面山の部に、供養物の一項があります。

七面山の伽藍が整って参拝者が増え、特別に供養の物をお供えする人々が目立ってきたので、特にこの一項が設けられたものと思われます。

その供養の物は、毎年定期的にお供えする米やろうそく、灯明油、酒等が、列挙されています。これらは年間を通じて奉納されていましたが、九月の祭礼時には、祭礼酒が壱俵から五俵まで大勢の人々が奉納しています。

供養は品物だけでなく、御供料として金子がやはり定期的に奉納されていることが記録されています。

その供養の施主は、近郷近在を中心にして、全国に及んでいます。しかし供養の品は当時のことですから運搬は人力か車でありました。したがって甲州の人々がほとんどですが、甲州の各地に信者の人々が居たことが分かります。

供養の物だけでなく、仏像仏具の奉納施主も、全国の信徒から納められていて、伽藍が整備される徳川幕府が開かれる少し前頃から第四代将軍家綱の時代頃までには、七面さまの信仰者は全国に広がっていたことが分かります。

七面山の大鐘

七面山参道五十丁を登り切るとお水屋と鐘楼があります。

身延山諸堂記には「鐘堂─九尺四方」とあります。この鐘堂は身延山第三十世日通上人代に、七面山諸堂整備の一環として建立されました。

その鐘堂と大鐘の奉納主は、鐘銘《しょうめい》（鐘に刻んである文）によれば、越前《えちぜん》の守《かみ》政明《まさあき》の内室、清耀院円珠日浄信女《せいよういんえんじゅにちじょうしんにょ》でありました。

この鐘の製作者は、江戸の田中丹波守《たんばのかみ》藤原《ふじわら》正重《まさしげ》とあります。

この大鐘は、延宝三年（一六七五）に鋳造されましたが、当時の法主日通上人の一遍首題と大中院日孝《だいちゅういんにちこう》上人の銘が刻まれています。その鐘銘が身延山諸堂記に記されています。この銘を書かれた大中院日孝上人という方は、京都の深草元政《ふかくさげんせい》上人の弟子で、名文家、名筆家として知られ、宗門の名僧として活躍された方です。

ここで大中院日孝上人のことと、この鐘銘を分かる範囲で解説させて頂きます。

大中院日孝《だいちゅういんにちこう》上人

大中院日孝上人（一六四二―一七〇八）は、寛永十九年京都の熱心な法華信者の家に生まれました。赤子の時から祖母の読経の声を聞いて育ちました。したがって幼少の頃には、お経を暗誦したということです。

九才で出家して慈忍《じにん》と称し、日孝と号しました。十二才の時に京都深草の元政上人（一六二三―一六八）の門に入り、元政上人の厳しい教導を受けました。

元政上人の許で精進努力し、特に書や詩文に天分を発揮しました。万治二年（一六五九）に、元政上人はお母さんとともに身延山をお参りして、「身延道の記」を著しました。それを日孝上人に浄書させて、時の上皇に上呈しました。上皇は元政上人の名文に驚くとともに、浄書した日孝上人の名筆にも感心し、ほめ讃えたということです。

二十七才の時に師匠の元政上人の遷化にあい、志すところあって関東の飯高檀林《いいだかだんりん》に入って学を究めました。

その功成って、身延山の西谷檀林に招かれ、第十四代の化主（学頭）として学僧の教育に当たられました。

この「七面さまのお話」の七面大明神の示現の所でも書きましたが、日孝上人の師匠の元政上人は、七面大明神への信仰をお持ちになっていて、深草の山に七面堂を開堂しました。日孝上人はこの元政上人の影響で、若い時から七面信仰をお持ちであったと思われます。それが身延山西谷檀林の化主となって、なお一層七面信仰を深められたのではないかと思われます。

その因縁によって、七面山大鐘の「鐘銘」を書き、さらに「七面大明神縁起」を書くことにつながっていったのではないかと思います。七面大明神のお許らいを思わざるを得ません。日孝上人の数多い著作とともに、特にこの二作が有名で広く世に知られていることは、正にそうではないかと思います。

日孝上人はその後飯高檀林の第三十一世の化主《けしゅ》にすすみ、谷中瑞林寺《ずいりんじ》を経て、小湊誕生寺第二十二世の貫主となられました。

水戸光圀公は、この日孝上人の徳を敬仰し、しばしば上人を招請して法を聞き、篤く上人に帰依しました。

宝永五年（一七〇八）、六十七才をもって遷化されましたが、七面山の大鐘の鐘銘を書かれたのは、日孝上人三十三才の時でありました。

七面山鐘銘《しょうめい》

甲州七面山鐘銘並叙《ならびにじょ》

延峰《えんぽう》の西、蔚宁《うっちょ》として深秀《しんしゅう》なる者は七面山なり。

(身延山の西にそびえ、大木が繁り、美しい山容をほこる山は七面山である。)

山の東面《とうめん》の平坦《へいたん》な処《ところ》の、自然の湖水湛然《こすいたんぜん》なる者は七面の池なり。

(山の東の面の平坦な場所に、静かに水をたたえている自然の湖は、七面の池である。)

池の龍は曽《か》つて人と化《け》して来たつて吾《わ》が祖《そ》の法《ほう》を聴受《ちょうじゅ》す。所謂《いわゆる》七面の神なり。神、延《えん》峰《ぽう》の伽藍《がらん》を擁護《おうご》し、火災《かさい》を防《ふせ》ぎ、人民《じんみん》を福《さいわい》すと誓《ちか》う。今に抵《いた》るまで四百載《さい》、湖水は涸《か》れず、回禄《かいろく》の変《へん》なく、其の霊蹟昭昭《れいせきしょうしょう》たり。寧《むし》ろ神の正直《しょうじき》に非《あら》ずと曰《いわ》んや。嗚呼《ああ》古老《ころう》の言《げん》、筆墨《ひつぼく》の伝《でん》、誣《いつ》わらず。

(池の龍は、人に変化して吾が祖日蓮大聖人のお説法を聴受した七面大明神である。その時七面大明神は、日蓮大聖人に、「私は身延山の伽藍を守り、火難を防ぎ、人々を幸せにいたします」とお誓いになられた。それ以来四百年、池の水は涸《か》れる事はなく、火災の難もなく、霊蹟《れいせき》は昭昭《しょうしょう》として栄えている。神は全く正直なものである。あ〜、

七面山の大鐘

古老《ころう》の言葉や、書き物で伝えられていることには、誣《いつわり》はないものである。）

古《いにしえ》より神の廟堂狭隘《びょうどうきょうあい》にして浸《ひた》り、毀廃《きはい》に及べり。甲寅《きのえとら》の歳《とし》、十方の楽施《らくせ》を以って再び修営《しゅうえい》を興《おこ》す。則《すなわ》ち神廟《しんびょう》、拝殿《はいでん》、楼門《ろうもん》等、凡そ有《あ》る宜《べ》き所咸《ことごと》く皆新《みなあら》たに成《な》す。朝散太夫久恒《ひさつね》の女《むすめ》、若干の貲《し》を捨てて楼鐘《ろうしょう》を修造《しゅうぞう》す。是《ここ》に於いて七面の山輪奐美《りんかんび》を尽《つ》くせり。神其れ亨《うく》ること無けんや。

（昔から七面大明神の廟堂は狭《きょう》あいで、それに湿気のために破損が目立つようになった。延宝《えんぽう》二年甲寅《きのえとら》の年に、十方の信徒の尊い浄財をもって、再び造営を行った。つまり神廟《しんびょう》、拝殿《はいでん》、楼門《ろうもん》等、山内の諸堂はことごとく新しく造立された。朝散太夫《ちょうさんだいぶ》久恒の女《むすめ》は、たくさんの浄財を寄せて楼鐘を修造した。これによって七面山の諸堂の宏大で壮麗の美が尽くされることになった。七面大明神は悦んでこれを納受したもうであろう。）

神の徳を鐘に勒《きざ》み、之れが銘《めい》を為《つく》る。銘《めい》に曰《いわ》く、

日東《にっとう》の延嶽《えんがく》　月支《がっし》の鷲峰《じゅほう》、本光瑞《ほんこうずい》を呈《てい》して
妙宗《みょうしゅう》を発揮《はっき》す　龍池之山《りゅうちのやま》　霊蹤《れいしょう》に隣《とな》りす

（日本の東の身延山は、印度の霊鷲山に似て、ご本仏のありがたい光があって、不思議で尊い所である。龍の池のある七面山はこの身延山の霊跡の隣に位置している）

嵯峨《さが》たる七面　青螺萬重《せいらばんちょう》　澄譚《ちょうたん》一碧《ぺき》
神之幽宮《かみのゆうぐう》あり　水阿縟《みずあのく》に接《せつ》し　徳善龍《とくぜんりゅう》に亜《つ》ぐ

（高くそびえ立つ七面山は、緑の木々が繁茂し、池には見渡す限り青く澄んだ水をたたえている、ここに七面大明神の奥ゆかしい宮殿があって、池の水はご本仏のさとりの池とつながっている、その神徳は善竜の徳と同じである）

礿祖塵《やくそじん》を揮《ふる》って　霊物景《れいぶつかげ》の如《ごと》くに従《したが》う

倏《たちまち》に弘願《ぐがん》を運《はこ》び　巨《おおい》に奸兇《かんきょう》を攘《はら》う　翼翼《よくよく》たる霊宇《れいう》
維《こ》れ徳《とく》の鍾《あつ》むる所なり

（この山の開山上人は塵埃《じんあい》をはらい、神霊が景《かげ》の如くに七面大明神に従っている、たちまちに衆生救済の願いをめぐらして、巨《おお》いに悪凶なことを攘《はら》ってくださる、おごそかな神殿堂宇があって、神徳があつまっている所である）

瓊殿《けいでん》を修造《しゅうぞう》し、金鐘《こんしょう》を鋳鎔《ちゅうよう》す、無明《むみょう》の銅鉄《どうてつ》
妙観冶融《みょうかんやゆう》す　時《とき》に宝器《ほうき》と成《な》りて　円満玲瓏《えんまんれいろう》たり

（この度美しい鐘楼堂が修造され、金鐘を鋳造された、無明煩悩にけがれていた銅鉄が、七面大明神の大慈悲の中にとけ入り、時来りて宝器となって、円満にして美しい音を響かせている）

聖応響《せいおうひび》くが如《ごと》く　機感《きかん》は撞《つ》くが如《ごと》し
天堂忽《てんどうたちま》ちに現《げん》じ　幽府俄《ゆうふにわ》かに空《くう》す　一音遍満《おんへんまん》して十界雷同《かいらいどう》す

（神意が撞《つ》く人の心に響いてくる様であり、撞く度に感動を涌かせてくれる様である。

神界が忽ちに現れ、不思議な世界に居る様である。鐘の音は十方に遍満して、十界のど

んな衆生をも同じ様に不思議な世界につつんでしもう）

願《がん》して言《い》われよ檀信《だんしん》　爵禄窮《しゃくろくきわま》りなく　子孫繁栄《しそんはんえい》し
神理交通《しんりこうつう》し　遠く妙道《みょうどう》に霑《うるお》い　普《あまね》く祖風《そふう》を扇《あお》ぎ
真俗並びに盛んにして　文武四《よ》もに充ち
天長地久《てんちょうちきゅう》にして　国泰《くにやす》く民豊《たみゆたか》ならん

（ここに参り鐘を撞く檀信徒は次の様に祈願して言上するがよい、地位やお金に限りなく恵まれますように、子孫が繁栄しますように、神様の道に通じて長い間尊い教えの恩恵を受けられますように、全ての衆生が仏祖の教えにひたることができますように、あらゆる人々が元気で、文武両道が世間に広まり、天長地久にして、日本国が泰平で万民が豊かでありますようにと）

時《ときに》　延寶《えんぽう》三載《さい》乙《ひのえ》卯《う》中春《ちゅしゅん》吉辰《きっしん》（一六七五）
総州《そうしゅう》法輪講寺《ほうりんこうじ》比丘《びく》慈忍《じにん》誌《しるす》

檀越《だんのつ》　朝散太夫越州《ちょうさんだいぶえっしゅう》の刺史《しし》政明《まさあき》の内室《ないしつ》
法号《ほうごう》　清耀院円珠日浄信女《せいよういんえんじゅにちじょうしんにょ》

七面山の鐘楼堂

治工《じこう》　武州江戸住《ぶしゅうえどじゅう》　田中丹波守藤原正重作《たなかたんばのかみふじわらまさしげさく》

いま七面山登詣の人々は、和光門をくぐって入ると、ようやく七面山に到着したという思いで安堵します。少し上るとお水屋があり、お水で身心を浄めて七面山へ登ることができた感謝でいっぱいになります。

そのお水屋の横に鐘楼堂があって、七面さまへの感謝と祈りの気持ちを込めて鐘を撞きます。

その鐘を撞く時の気持ちを、この鐘名で刻まれていますが、自分の幸せを願うと同時に、一切衆生が七面さまの大慈悲に浴することを祈れとあります。それに天下泰平、国土安穏、日本国の繁栄を祈れとあります。

今の言葉で言うならば、「世界が平和でありますように、人類が幸せでありますように、日本が平和でありますように、私達が元気で幸せに天命を全うすることができますように！」ということになると思います。

それにしてもこの重い鐘を、当時この七面山に運んできたことは大変なことだったと思います。今その鐘は願満堂の前に収納されて、保存されています。

今鐘楼堂に吊り下げられている大鐘は、その後新しく鋳造されたものだということです。

七面山は現世利益の山と言われ、いろいろな願いを持って多くの人々が登詣します。しかしその願いを叶えさせて頂く為には、自分の罪障を懺悔し、汗水流す中で罪障を洗い流して消滅していかなければなりません。七面山を登る修行で罪障が消えていって人生の運命が開かれていきます。

したがって七面山は罪障消滅の山とも言われています。五十丁の山を登ってホッとして、七面山の霊気にふれて法悦の感慨にひたり、水を頂いて鐘を撞く、その感動は登って経験しなければ分かりません。どうか一生に一度でも登って、この感動を味わってほしいですね。「罪障消滅」の鐘を撞いてほしいと、あなたの魂が願っています。

七面山奥之院

身延山諸堂記

「身延山諸堂記」に、「影嚮石《ようごうせき》の社《やしろ》」という一項があります。それによると、学禅院日逢《がくぜんいんにっぽう》上人が小社を建てたとあります。

七面山奥之院縁起では、開山日朗上人が波木井公とともに初めて七面山に登られて、影嚮石の前で休まれたところ、その影嚮石に七面大明神がお姿を現じて日朗上人一行をお迎えになりました。

日朗上人はその影嚮石の前に七面大明神を勧請なさって一の池に向かわれました。したがって七面大明神影現の霊場・影嚮石の霊場として七面山奥之院は尊ばれて来ました。その頃から小さな社が祀られていたことは想像されます。

七面山奥之院拝殿

その後そこに小さな建物が建てられて影嚮の宮ができたことが、身延諸堂記で分かります。このお宮を建立した学禅院日逢上人という方の年代は定かではありませんが、七面山本社の建物が整備された一六七〇年代、延宝年間の頃でありました。

この延宝年間は、身延山第三十世日通上人が法主を務められ、七面山の伽藍整備が完成した頃でしたから、七面山奥之院の整備も行われたものと思われます。

養珠院お万の方が七面山の女人禁制を解き、七面大明神を祈祷本尊とする積善坊流の祈祷が最盛期を迎えて、七面さまへの信仰が広く世の中に広まっていきました。

七面山本社の発展とともに、七面山影嚮石の霊場も人々の信仰を集め、次第に整備されていきました。

社殿の改築

「身延山諸堂記」には、影嚮石の社《やしろ》と別当所は、宝暦年間（一七五一―一七六三）に、身延山第四十二世耐慈院日辰《たいじいんにっしん》上人代に再建立されたとあります。

この再建立に当たっては、八代郡宮原村中の題目講の人々が丹精したと記されております。

先に身延山第十五世宝蔵院日叙上人が、武田信玄の身延山の明け渡しの申し出を断った話を載せていますが、日叙上人という方は、七面さまの信仰を強く持たれていました。

その日叙上人が定林寺を開かれましたので、この定林寺の地域に関係があり、七面信仰でつながっていたと思われます。したがって宮原のお題目講中は日叙上人の導きの中で、七面信仰を守ってきたと思われます。

その宮原講中は、影嚮石の影嚮の宮の改築にあたって、全面的にその施主となって丹精しました。

いま宮原講中の古い家に行きますと、その時に丹精した法功を賞して、当時の身延山法主日辰上人から頂いたお曼茶羅が残されています。

この時に浄財をあつめた奉加帳も残されています。村中こぞって、地元はもとより各地の縁者に浄財をつのり、七面山奥之院影嚮石の霊場の顕彰に、たいへんな功徳を積みました。

宝暦三年（一七五三）の奉加帳には、「七面大明神の御神体は、御本社の古神を申し請け候なり」とあります。本社から七面大明神の古神体を頂いて勧請したのが、いまの七面山奥之院の御神体であります。

新しく改築成った七面山奥之院を護持していくために、やはり宮原講中が丹精を続けました。しかし在家の講中ですから、影嚮の宮に常住することはできません。それで身延山にお願いして、本社の住僧を派遣して、守ってもらうことにしていました。その御礼の意味で、講中からは金子や米麦等の食料を奉納しています。

また年三回の大会には特別奉納金を持参して、講中がこの大会を盛り上げていくことを、身延山に約束しています。

その身延山への願い上げ書が、いま残っていますが、最初は「影嚮石明神御宮殿」とありましたが、文政五年（一八二二）の願上書には、「身延七面山奥之院影嚮石明神堂」とありますので、この頃から七面山奥之院の称号が使われてきたことが分かります。

明治の改築

明治に入って、七面山奥之院は全面改築の機運を迎えます。

明治十一年から三十六年まで、実に二十五年の歳月をかけて、拝殿、庫裏の改築が行われました。この改築工事で建立されたものが、現在の建物の基本となっています。

この工事の完成図も、奉加帳もしっかりと残っていますが、やはり宮原講中が中心となり、全国から浄資が寄せられています。

今と違って不便な山の上での工事は大変であったと思います。二十五年間という長い間、七面山奥之院の護持発展のために、一心に丹精を続けた七面さまへの信仰は、いまも宮原講中に脈打っています。

九月十七日、影嚮石を始めとして、二の池、御神木、黒門、拝殿、出世稲荷堂、それに北参道十九丁目の「栃の木」等へのしめ縄の奉納は、毎年休むことなく続けられています。

昭和二十四年頃までは四年に一回のお縄上げでしたが、それ以後は毎年行うことになって今日に至っています。

七面さまのお姿

立像の七面大明神

七面山の伽藍が整備されたのは、身延山第三十世日通上人の時でありました。延宝《えんぽう》三年（一六七五）に四間四方の明神本宮が再建されました。その本宮に勧請された七面大明神のご尊像は、前の旧本宮に祠られていたご尊像でありました。そのご尊像は、「身延山諸堂記」にあるように、万治三年（一六六〇）に勧請されました。

その七面山が整備成って百年後の安永《あんえい》五年（一七七六）十月十一日の夜半、火の不始末から祝融の災にあい、本堂、拝殿、幣殿、庫裡等の建物は灰燼に帰してしまいました。現在の七面山本社の建物は、その後第四十七世亮心院日豊《りょうしんいんにっぽう》上人代の安永九年（一七八〇）から歴代の上人達の丹精によって建立されたものです。

したがって今七面山敬慎院に勧請されている七面大明神は、祝融の後で勧請されたお姿であります。その前はどんなお姿であったのでしょうか。

安永の祝融前のご尊像は、立像であったということです。森宮義雄著「七面大明神のお話」によれば享保《きょうほ》四年（一七一九）、祝融の災の五十七年前に、南部藩の家臣の宇夫方平太夫という人が、主人の代りに身延山、七面山を代参して、その代参報告書が南部家に現存しているということです。

立像の七面大明神

その報告書には、「七面山の御本尊は秘仏にして開帳と申す儀之れなし。・・・当御本尊は、女躰にて、御右手にはかぎ、御左手に宝珠御持ち成られ候。立像三尺四、五寸程に見え申し候」とあるということです。

このことから、七面山の最初

の七面大明神のお姿は立像であったことが分かります。因みに七面大明神示現の場所高座石の妙石坊に勧請されている七面さまのお姿もやはり立像であります。

私の寺、定林寺に勧請されている七面さまも立像で台座に「貞享《じょうきょう》三年（一六八六）」とあります。

望月真澄著「身延山信仰の形成と伝播」の中の、「江戸における七面大明神像の勧請と身延山への参詣」という所に、東京芝円珠寺の七面大明神の縁起が載せられています。

それによると養珠院お万の方が、霊夢で立像の七面大明神を拝しました。その姿を身延山第二十二世日遠上人にお話しして彫刻して頂きました。お万の方はその時六十八才でしたが、そのお姿を背負って七面山に登り開眼して頂きました。その時に七面山敬慎院の七面大明神を拝するとご自分が開眼をお願いした七面さまと同じ立像のお姿だったということでした。お万の方はその立像の七面さまを、海辺のお寺に納めたいと思って、芝の円珠寺に納めたということです。正保《しょうほ》元年（一六四四）のことでありました。

これらのこと等から考えると、七面大明神の初期のお姿は立像であったことが分かります。

両脚を揃えて腰掛けのお姿

七面山奥之院勧請の七面大明神は、宝暦三年（一七五三）の社殿の改築の時に七面山本社から頂いて来て勧請したものです。

その七面さまのお姿は、岩の上に両脚を揃えてお座りになっている姿です。

この七面山奥之院の七面像は、「七面山の古佛」とありますから、七面山本社に古くから格護されていたものと思われます、七面山敬慎院が祝融の災を受ける前からの古佛ですから、七面山としては最も古い霊宝と言えるかも知れません。

両脚を揃えた腰掛けのお姿

両脚を揃えて腰掛けているお姿の七面さまは、神奈川県小田原の浄永寺にも勧請されています。この七面さまは、いつ頃勧請されたものか分かりませんが、今の半跏坐の七面像が流布するよりも早い時期のものではないかと思います。

半跏坐のお姿

半跏坐のお姿

七面山敬慎院が祝融から復興し、新しく奉献された御宮殿に新造立の七面大明神が勧請されたのは、天明元年（一七八一）で、祝融後五年経った時でした。御宮殿施主本願人は尾州名古屋惣講中で、御尊像は大阪の布袋屋《ほていや》某が奉献したものです。今の七面山敬慎院の七面大明神のご尊像であります。

このご尊像は半跏坐のご尊像であります。これ以来、七面さまのご尊像は半跏坐のお姿が一般的となりました。七面さまのお姿にも、立像から坐像へ、その坐像も両脚揃えから半跏坐へと、歴史の流れがあることが分かります。

鍵と如意宝珠

七面さまは、右手に鍵、左手に如意宝珠を持っておられます。

七面さまは、法華経提婆達多品《だいばだったほん》に説かれている八才の龍女が成仏して、娑婆世界で法華経をもって一切衆生のためにお働きくださっている仏様です。

その仏様が末法の世に、日本の身延山に七面大明神として出現なさいました。

八大龍王の一人、娑竭羅龍王の女《むすめ》である八才の龍女は、文殊菩薩の教化によって仏に成になることができました。

この龍女は生まれつきやさしく、親が赤子を思うように、慈悲の心でいつも一切衆生を慈《いつく》しんでおりました。したがって法華経の仏様の心を理解して、八才という若さで、女性であり龍女でありながら、覚りを得ることができました。

龍宮から虚空におられる釈尊の前に行かれた龍女は、釈尊の偉大さを讃え、釈尊への帰命を誓います。

さらに、「我《わ》れ大乗《だいじょう》の教《きょう》を闡《ひら》いて苦《く》の衆生《しゅじょう》を度脱《どだつ》せん」と誓願しました。

そして龍女は一番大切な宝珠を釈尊に捧げました。釈尊がその宝珠を受け取ると、龍女は娑婆世界に行って宝蓮華に座して立派な姿となって成仏し、法華経をお説きになりました。

龍女が誓願した大乗の教えとは法華経です。法華経は一切衆生を救済する教えであり、一切衆生を救済する力であり、一切衆生にご利益を授ける宝であります。

法華経の宝珠の蔵を闢《ひら》いて、一切衆生にその宝珠を与えて救済しますというのが、龍女の誓願であります。ですから七面さまは左手に宝珠をお持ちになっております。

法華経の扉を開いて、法華経を示されることから七面さまは右手に「鍵」を持っておられます。

鍵

仏様や諸天善神は、何をお持ちになっているかでその名前が分かります。

鍵をお持ちになっている方は、それほどありません。

鍵と宝珠をお持ちになるのは、財福神である証拠です。武器を持っている神様は、魔を下して敵を退けることを主にしてお働きになります。

弁才天は、俗に弁財天とも書き、大衆の中で広く信仰されていますが、右手に鍵を持っているお姿があります。

弁才天には八臂像や四臂像や二臂像などがあります。鍵を持っているのは八臂の一つに鍵を持っている像があります。財福を授ける力を示しているものと思われます。

「我れ大乗の教を闓《ひら》く」の誓言の「闓《ひら》く」は「ひらく、あける」ことです。サンスクリットの原語では、「示す」ですが、鳩摩羅什三蔵は、その奥深い意味を解して、「闓く」と翻訳されました。

定林寺の七面大明神

法華経の如来神力品《にょらいじんりきほん》第二十一に、法華経は如来の一切の秘要《ひよう》の蔵《くら》であると説かれています。奥深くて尊い重要な宝の蔵であるというのです。この蔵を開いて、その蔵の中にある重要で神秘な教えを示してそのご利益を与えるというのが、闡くの意味です。したがって、その蔵を開く鍵は本当に大切な鍵であり、七面大明神の大切な役割の鍵であります。

さて、七面さまがその鍵で法華経の蔵を開いて、私達に神秘な尊い宝をくださろうとしても、私達がその心の準備をしていなければ、無駄なことになってしまいます。

それで七面さまの持っている鍵は、私達の心の扉を開く鍵でもあります。心の扉を開いて、素直な気持ちになって、法華経の教えに耳を傾けて、ご本仏の慈悲の心に触れなさいという鍵です。

七面山へ登るには、自分の足で、汗水流して何時間もかけて登らなければなりません。その五十丁の坂の修行の中で、心の扉が開かれてきます。一心に七面さまにすがる気持ちになってきます。その時に七面さまは如意宝珠の珠を授けてくださって、私達の願いを聞いてくれます。これが七面さまのご利益です。

宝珠

宝珠の正式の呼び名は、「如意宝珠《にょいほうじゅ》」です。意のままに宝を出すと言われる珠《たま》のことです。

私達にはいろいろな願望がありますが、その願望成就の宝珠が如意宝珠です。意の如く宝や衣服や飲食を出し、病苦などを除くという秘宝で、さらに悪を去り、禍を去らせる功徳があると言います。

法華経はこの無量宝珠です。法華経を信仰する私達は、七面さまからこの如意宝珠を頂いて、幸せな人生を歩みましょう。

日蓮聖人は「身命を惜しまず修行して仏法をこころみよ」と言われました。こころみてみましょう。

かつて新潟七面講の会長さんで田村さんという方がおりました。若い頃から七面山へ登詣して修行していました。七面山奥之院で「うしみつの行」をしていた時、七面大明神から宝珠を授かりました。空中に浮かんでくる宝珠を、ありがとうございますと言って、グッと手で支えて飲み込みました。田村さんは、それから人助けの力を頂きました。新潟七面講を結成し、多くの人々を法華経に導いていきました。これは私が本人から直接聞いた話です。

七面さまの紋

七曜紋

七面さまの紋は、「七曜紋」です。

七曜紋の「●」は、星を表しています。

「星」は曜とも称されています。

星は古代から狩猟者や航海士たちが、その位置や方角を知るための基準とされてきました。

さらに一年中の暦をつくる上でも、その基本であります。

特に北極星は真北にあって動かないことから、方位を知る上での大切な役割を果たしてきました。

天体を仰ぎながら、古来人類は生活の歩みを続けて来ました。太陽を拝み、月を拝み、星々を拝んで、天地一体の中で生きて来たのが私達人類であります。

特に真北にある北極星を囲んでまわる北斗七星への信仰が重んぜられました。北斗七星信仰は、中国から日本に伝来したと言われ、日本では北辰妙見大菩薩として崇拝されるようになりました。

妙見信仰は、祭祀《さいし》を司る「忌部氏《いんべし》」によって全国に伝えられたと言われています。

七曜紋は、この北斗七星を象《かたど》ったものとも言われ、妙見信仰の霊場では、この七曜紋や九曜紋が多く用いられています。

いま日蓮宗では、七面さまが七曜紋、妙見さまは九曜紋となっています。

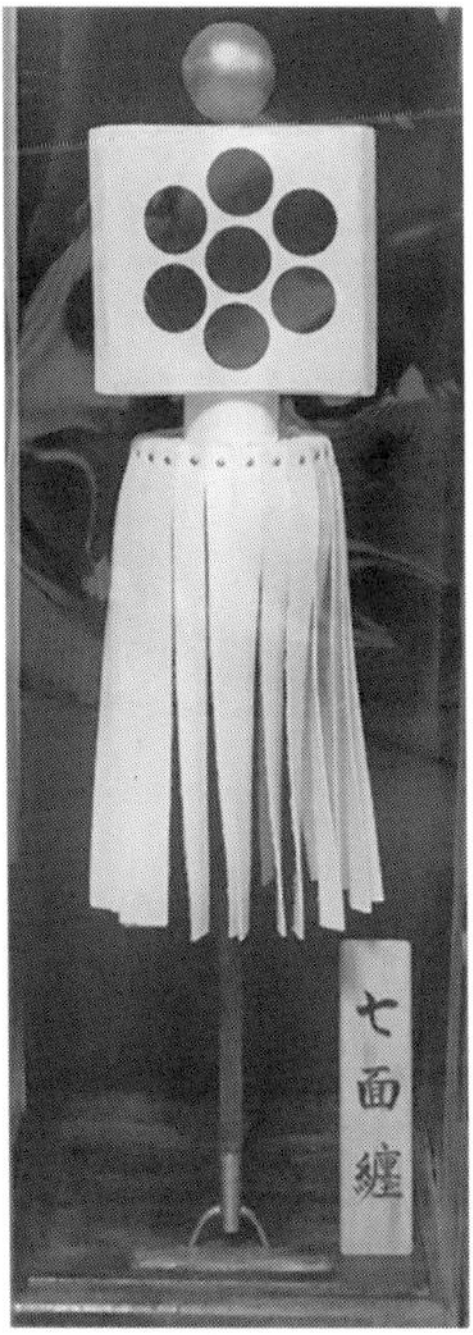

七面まとい

宇宙法界の七曜紋

七曜紋は北斗七星だけを表しているのではありません。それは太陽を中心とした宇宙の代表的な星

を表しています。その星は太陽の周りをまわる天体を示していると言います。

太陽の近くから言うと、水星、金星、地球、火星、木星、土星です。月は地球の周りをまわる衛星です。

地球はこの宇宙法界の中に包容されて、地球の代わりに月を置いて宇宙全体を象《かたど》ったのが、七面さまの紋である七曜紋です。

したがって七面さまは宇宙大の神様であります。宇宙の大霊である法華経のご本仏様につながるご守護神さまであることが分かります。

法華経のご守護神として、法華経を修行する人を護ると誓われたのは、むべなるかなと思います。

法華経提婆達多品で、龍女がご本仏様に宝珠を捧げ、法華経を修行する人を救いますと誓われて、この娑婆世界でお働きくださっているのが七面さまです。宇宙の大霊のお使いとしてお働きくださっている姿がこの七曜（宝珠）紋であります。

七面山のご来光は天下一品です。特に春秋の彼岸中日には、富士山の山頂から出て十方を照らします。その光は七面山敬慎院の七面大明神のお厨子に届きます。そのことから七面大明神のご神格は日の神様であるとして、日の神・七面大明神と呼んで信仰している人もあります。

七曜紋の類似紋

先に妙見さまの紋は九曜紋だと書きましたが、七曜紋に似た紋に「六芒星紋《ろくぼうせいもん》」があります。

「芒」というのは「光芒《こうぼう》」のことで、光です。つまり六芒星紋は六光星紋です。六光星紋はユダヤ教が神聖なものとして次に示す図形を用いていますが、太陽を中心にした六つの星を示しているものと思われます。天体に関する信仰は、人類共通のものです。

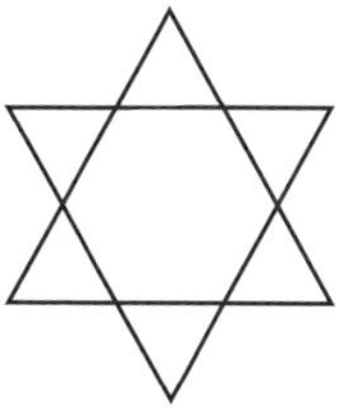

六芒星紋

これと同じ模様が日本にもあって、「篭目紋《かごめもん》」と呼ばれています。篭目紋は「魔除け」

の紋として用いられています。

特に伊勢神宮周辺にある石灯篭にはこの篭目紋が刻まれています。魔を祓って清浄な聖域となして、天照大神が働き良いようにする意味があると思われます。

六光星も篭目も七曜に通ずるところから七面さまの七曜紋も、魔を祓って宇宙の大霊・ご本仏様がお働き良いようにするという意味もあると思います。

麻の葉模様

さらに七曜紋に似ている紋に「麻の葉紋」があります。
古来「麻」は神事に用いられていました。お供え物に麻の紐を添えたり、あるいは結わえる時に用いたりします。これはお供え物を清浄になす意味があります。
また神事を行う時は麻の衣を着けますが、自ら清浄となって神仏の働きが魔障なく行われることを願ってのことです。

七面山のご来光

麻の葉紋も七曜の星形に似ているところから、天に通じ神仏に通ずる紋です。

太陽の道

春秋の彼岸の中日に富士山の山頂から出るご来光は、七面山の随身門を通って七面大明神の摩尼殿の御神体に届きます。

このことは七面さまを信仰している人は良く知っていることですが、これが七面さまの七曜紋を示す現象であることは、あまり知られていません。

七面さまは、天地海の宇宙法界を生かしている太陽と一体になって、一切衆生を守る守護神としてお働きくださる神様である

上総一宮玉前神社

ことを先人達は知っていて、七曜紋を七面さまの紋とし、それを現す意味でも堂塔伽藍の配置を考えられたのではないかと思います。

身延山大学の学長を務められた宮川了篤先生と、身延山大学教授の故林是晋先生とで共同監修された「七面山」という本があります。その中に「ご来光の道」という一項があります。

それによると、上総《かずさ》一宮の太平洋上から昇った太陽は、霊峰富士山を通り、身延山を照らし、限りない希望の光を与えながら七面山の七面大明神と一体となり、さらに池大神出現の地雨畑《あまはた》を通過して琵琶湖の上空を渡り、出雲《いずも》に向かうとあります。

これを両先生は御来光の道と呼ばれていま

すが、太陽の道とも呼んでいる人があります。日蓮聖人もこのことをお考えになられて、日出ずる国の日本の仏法お題目が、世界を照らしていかなければならないと自覚されたのではないかと思います。

さてこの度、この太陽の道のことを書くに当たって、私は上総一宮に参拝してきました。上総一宮は「玉前神社《たまさき》」で、ご祭神は「玉依姫命《たまよりひめのみこと》」です。玉依姫命は、海神の大綿津見《おおわたつみ》の神の娘です。その玉依姫命は、姉が山幸彦命《やまさちひこのみこと》との間に生んだ子供を育て、その子が成長した時に、その甥と結婚し、その間に生まれた子供が初代天皇の神武《じんむ》天皇となられました。

海神は龍王です。その娘の玉依姫命が祀られている神社は、房総半島の最も東端に在り、太陽が最初に昇る所です。

この玉依姫命の話を思うにつけ、提婆品の八才の龍女のことと結びついて、太陽の道は日本の神話と法華経とを止揚統一する道ではないかと思いました。

七面さまは、天照大神や日本の祖神、日蓮聖人、出雲の八百万《やおよろず》の神々と合体させて、人類の幸せと世界の平和のためにお働きくださっている宇宙大の法華経の守護神であります。

日蓮聖人の守護神

比叡山を始めとして各山で勉学を積まれた日蓮聖人は、立教開宗のために比叡山を下りて清澄山に向いました。その途中伊勢の天照大神にお詣りして報告しました。

建長五年四月二十八日、太平洋上から昇る太陽に向かって法華経の魂であるお題目を唱えて立教開宗を宣言し、自ら日蓮と名乗りました。

それ以後、大難四ケ度小難数知れずのご生涯の中で、常に日月天を拝んでいました。

身延山へ入られるのも、東の空に太陽を拝める場所を選ばれてご草庵を結ばれました。身延山での日課の中で、朝は必ず日天子に向かって法味を言上されたということです。

聖人が御入滅なさった十月十三日には私は朝早く身延山のご廟所にお参りしますが、その時は太陽がご廟所正面の東天に昇り、その光は聖人のご廟塔を照らして輝きます。

私はその光を拝しながら、「日蓮恋しくおわさば、常に出ずる日夕べに出ずる月を拝ませ給え。日蓮は常に日月に影を浮かぶ身なり」のお言葉を思い出して、ありがたく太陽を拝します。

日蓮聖人は天照大神八幡大菩薩の日本の神々を守護神とし、さらに日月明星天の宇宙神をも守護神として、立正安国のお題目を世間に布教なさいました。太陽の道につながる七面大明神は日蓮聖人のご守護神としてお働きくださっておられます。

七つ池、七イタガレ

七つ池

七面山は、八方面の内の鬼門の一方を閉じて他の七面を開いているところから七面山と呼ばれることは、先に書きました。

その七面山にお祀りされているところから、七面さまを七面大明神とお呼びしています。その七面大明神の紋が七曜紋で、その紋から七面さまの慈念力は、広大無辺であることが分かりました。

深草元政上人（一六二三―一六八）は「七面大明神縁起」の中で、七面山は七宝山《しちほうざん》で七宝勝殿《しょうでん》が現れた所だと言われています。

七面山も、七曜紋も、七宝山も、七面さまには七の数字がついています。

七面山の一の池

七の数字には不思議な力があります。中国の「説文解字《せつもんかいじ》」という古い字書には「七は陽《よう》の正《せい》なり」とあります。つまり七には陽気が満ちあふれているといいます。陰気や邪気を除いて、明るいことや良いことや、めでたいことを生成させる聖数《せいすう》であるということです。

このことからも七面さまは、万物を生成発展させる不思議な力をお持ちになっていることが分かります。

その七面山に、やはり七つの池があると言われてきました。

三の池までは、私達が直接拝むことができますが、四から七までの池は実際には何処にあるのか定かではありません。

一の池は、本社敬慎院の摩尼殿の裏にある池です。一年中水が絶えることなく神秘な雰囲気をかもし出しています。この一の池は、風もないのに龍のうろこの様なさざ波を立てることがあり、まさに栖神《せいしん》の池だという思いを新たにして感動します。

二の池は、本社敬慎院から奥之院へ参る途中にあります。

昔は二の池付近の広い窪地に水を一杯にたたえていたと言われます。地殻の変動のためでしょうか、今はほんの小さな池になってしまいましたが、池の中からはきれいな清水が涌いています。

普段は小さい池ですが、大雨が続いたり、台風が来た時などは、往時を偲ばせるように、大きな池を見せてくれます。二の池の水は、二の池から三丁ぐらい下の沢に勢いよく涌き出しています。ここへわざわざ下って水行をした信者さん達もありました。

今、この涌き水は、本社と奥之院の水道の水源となっていて、ポンプアップして使用しています。七面山参拝の方々は、この七面山の御神水を頂いていることになります。ありがたいことです。

三の池は、七面山の三角点の近くにあります。随身門に向かって左の道に入って行くと七面山の大ガレがあります。その大ガレの右上の所に七面山の三角点があります。その三角点を越して静岡の梅が島温泉へと通ずる道があります。その道を少し行くと左側に窪地があります。水はありませんがそこが三の池です。以前は「三の池」という標識が立っていましたが、今はどうでしょうか。

以前新潟七面講の人達は、毎年冬と夏の土用には七面山に参篭し、この三の池に必ず参拝していました。私も同道したことがありますので良く知っています。

四の池から七の池は諸説あって七面山の何処にあるのか誰も見た人はありません。しかし七面山に七宝池があるはずです。私達は直接そこに参れなくても、七面山への信心を強くする中で、七つ池全てにお参りしていると思うことです。

私の知っている方ですが、七面山奥之院のご内陣に座して唱題読誦していました。ものすごい地鳴りがしたかと思うと、龍に抱きかかえられて七面山の上空を浮遊していました。霧の中で何も見えないとつぶやくと、霧がさっと晴れて、七面山の山内に七つの池がくっきりと丸く浮かんでいるのを拝むことができました。感激の涙の中で七面山の

七面山の大ガレ

七つ池を拝ませて頂いたその方は、たしかに七面山には七つ池があると言っています。

七イタガレ

七面山は、別名で七イタガレとも呼ばれていました。最初の項目の「七面山の山名」の所で、日蓮聖人のご遺文を引いて書かせていただいてあります。

日蓮聖人の時代にすでにそう呼ばれていましたので、七面山には七つのガレがあったものと思われます。

江戸時代の後期の一八一四年頃完成したという「甲《か》斐《い》国史《こくし》」という本があります。その中に「七面山をナナイタガレとも云う。此の山いたく欠けたる所、七つあるならん」とあります。

七面山はほとんどが岩とガレキで形成されている山です。ですから岩の部分は頑丈ですが、ガレキの部分は崩れやすい山です。あちこちで崩れていますが、七つのガレとして、それが山名になったものでありましょう。特に代表的なガレが、本社の随身門を左に登って行った所にある大ガレです。大ガレを第一として、やはり聖数の七をつけて不思議力、生成発展力の山であることを示すために、七イタガレと呼んだものと思われます。

崩れても崩れても、決してそれに動じないで、それを避けたり、それを超えたりして生成発展していく力を与えてくれるのが七面山の不思議力です。

御神木

天然記念物イチイの大樹

七面山奥之院の影嚮石の横を下にくだる細い道があります。約四丁ほど行くと七面山の御神木があります。

この御神木へは、二の池から奥之院の方へ向かって少し行くと右へくだる道がありますが、この道からも行くことができます。

御神木はイチイの大樹で、山梨県の天然記念物に指定されています。

樹齢は六百年以上と言われていて、周囲は八メートル位あります。中が空洞になっていて、下から空を見ることができますが、勢いは衰えていません。

この御神木には七面山の山神が宿っていると言われ、その神力のお利益を頂けること

七面山の御神木

から、多くの方が参拝しています。しかし七面山の参道から少し離れているので、そのご利益は知る人ぞ知るです。

奥之院影嚮石にしめ縄を作って納めている市川三郷町（旧六郷町）の宮原講は、昔からこの御神木にもしめ縄を納めて今日に至っています。因みに宮原講は、御神木と二の池の鳥居にもしめ縄を納めていますが、これは七面山奥之院が二の池と御神木を守って来たことを示しています。しかし今は二の池は本社が管理し、御神木は今も奥之院が管理しています。

私が初めて奥之院の別当になった昭和三十七年～三十八年頃大きな台風が来まし

た。その台風で御神木の太い枝が折れてしまいました。その枝を何片かにして奥之院へ運んでもらいました。枝といっても、普通の木の幹ほどの太さでした。

御神木ですから仏像に造るといいというので、幾人かの信者さんに差し上げました。それぞれお祖師様や七面さまのお木像に刻んでもらいました。その中の一体が、いま定林寺東京布教所・東京赤塚七面堂に勧請されている七面大明神です。

七面山の山神の神霊と七面大明神が一体となった七面大明神ですので、東京赤塚七面堂の七面さまには、私は特別な思い入れがあります。

私が初めて家内を連れて七面山に登ったのは昭和四十二年の春でした。一の池や二の池はもちろん、御神木へもお参りしました。

お線香をあげ、ローソクを灯しお経をあげました。お経をあげ終わった時に家内は感涙にむせんで話してくれました。

お題目を唱えていると合掌した手が引っ張られるように上に挙がると、天の方から「守るぞ！」と大きな声が三回響いてきたというのです。

その声は男のような声でもあり、不思議な響きであったというのです。

その晩は七面山奥之院の七面さまの下で一泊し、私達は感激の中で七面山の参拝をすることができました。

それ以来私は御神木のあらたかなことを肝に銘じるようになりました。

神社仏閣をお参りした時に、それぞれの御神木が目についたときは、必ず手を触れてお題目を唱えてお参りすることにしています。

日朗上人とお手植えの「栃の木」

永仁五年（一二七九）の九月、日朗上人は波木井公らと七面山に登り、初めて七面大明神を勧請して七面山を開山しました。したがって、日朗上人は七面山の開山上人として仰がれています。

因みに七面山本社敬慎院には開山堂としての朗師堂があり、七面山奥之院の御内陣には、七面大明神の横に日朗上人がお祀りされています。

日朗上人一行は、初めての登山でしたので、七面山の尾根伝いの道を選ばれて、今の北参道を登られたと言われています。

栃の木霊場　安住坊

北参道の十九丁目は、少し平らな所ですので、そこでご一行はお休みになられたのではないかと思います。日朗上人はそこに、「栃の木」をお手植えになりました。その「栃の木の霊場」が安住坊《あんじゅうぼう》です。

七面山奥之院までは、麓から四十丁の行程ですが、丁度その中間地点に安住坊がありますので、休憩所として登詣者にとって安らぎの場所となっています。以前冬などは、囲炉裏《いろり》のある所へ上がらせて頂いて、燃える火の前で暖かいものを頂きながらおにぎりを食べさせてもらうと、また山を登る気力が涌いてきたものでした。

この地点は眺めのいい場所で、春木川から早川をも一望できるところから、日朗上人ご一行もここでゆっくりとお休みになって「栃の木」を記念にお手植えになられたのではないかと想像できます。

ここからは、私の寺のある六郷平も良く眺めることができ、日向山仏舎利平和宝塔の白亜の塔もはるかに拝むことができます。

日朗上人が七面山に登られてから、今年（平成二十六年）は七一七年目になりますから、この「栃の木」の樹齢は七百年を超えています。

この七面山の大栃の木は、昭和三十四年二月九日に、山梨県より天然記念物に指定されています。その指定の看板に、地名が記されていますが、「早川町高住《こうじゅう》字栃原山《とちはらやま》八三五安住坊境内」とあります。栃の木が古い昔から在ったので、地名の字が栃原山と名づけられたものでありましょう。

この看板では、「この栃の木は本県における栃の木の巨樹としては代表的なものである」としています。

さらにこの巨樹の謂われを、「伝説によれば、この木は日蓮聖人の高弟である日朗上人（一二四三―一三二〇）が手植えしたものだという」とあります。

そして指定時の樹勢や木の規模が記されています。それによると、「樹幹は空洞になっているが、樹勢は旺盛である。その規模は次の通りである。根廻り幹囲八メートル。地上一メートルの幹囲七メートル。枝張り東西一〇メートル。枝張り南北二四メートル。樹高二五メートル。」とあります。

樹の高さが二五メートルというと、日向山仏舎利平和宝塔の高さと同じですから、かなり高いことになります。

写真で見て分かるように、幹の上部に大きなこぶがありますが、その下に太いしめ縄が掛けられています。

このしめ縄は、七面山のいちいの木の御神木や二の池に掛けられているしめ縄と同じように、市川三郷町宮原（旧六郷町）の宮原講中が毎年掛け替えています。

七面山奥之院の影嚮石のお縄上げ大祭は、九月十七日で、毎年その日に影嚮石の太いしめ縄が現地で新しく綯《な》われて奉納されます。

その九月十七日に宮原講中の人々が北参道を登って、あらかじめ上げてあるワラで、

日朗上人お手植えの栃の木

栃の木のしめ縄を綯《な》って納めます。
この仏事は江戸時代から続いて来た伝統ある行事で、七面山奥之院の大祭は、この栃の木へのお縄上げから始まることになります。日朗上人の魂が宿る栃の木にぜひお参りしてください。日朗上人はお悦びになりますよ。

宝厳石《ほうごんせき》

高橋妙進法尼

私の父親（善旭院日鄭《にってい》上人）の弟子に高橋貞性上人という方が居りました。定林寺の隠居寺と言われている大仙寺の第二十三世の住職でした。この高橋貞性上人の奥様が妙進法尼で、ご夫婦で七面山奥之院の常住給仕をしていました。別当は父親が務めていましたが、五十才を過ぎる頃からは、ほとんどこの弟子の高橋貞性上人夫妻に奥之院影嚮石のことは任せていたようです。

貞性上人の奥様の妙進法尼は霊感の冴えた方でした。昭和十六年に私は国民学校に入学しましたが、その頃この妙進法尼にお目にかかったことを覚えています。髪を長くして怖そうなおばさんでした。

七面山奥之院宝巌石

妙進法尼の霊感に引かれて、全国から大勢の人たちが七面山奥之院に参って来ました。七面山という霊山で、霊感の言葉を聞くことができるのですから、それは大へんな悦びでしたし、登詣修行の大きな励みであったと思います。

特にそれぞれの人によって修行の方法を授けて、人助けのための霊能を開発してくれました。その中でも新潟七面講の田村先生、東京七面講の村上先生を始め、大勢の方々が信心を増進して、各地に七面講が生まれました。

私が二十七才で初めて別当になって登った頃は、この各地の七面講が花開いた時で七面信仰が盛んになった時でした。その七面講の先達の先生たちから、妙進法尼の霊感のすばらしさをよく聞いたものでした。

七面山奥之院の中庭に、影嚮石を小さくしたような岩があります。この岩を「宝巌石」と呼んでいますが、この岩に七面大明神が影現して、妙進法尼に霊言を授けたと言われています。

その岩の前には水が溜まるように、小さな池が掘られていています。そこに小さな石碑が建てられていて、宝巌石の謂われが刻まれています。この宝巌石にも、七面山奥之院影嚮石お縄上げ大祭に、毎年宮原講中がしめ縄をかけて荘厳してくれています。

七面信仰を盛り上げてくれた妙進法尼はご主人の貞性上人が昭和十六年に遷化したので七面山を下り、師僧の日鄭上人が昭和二十一年に遷化してからは姿を見せなくなりました。人の噂では戦後間もなく富士方面の修行場で生を終えたのではないかということでした。

出世稲荷大明神

宝巌石と同じように、高橋妙進法尼の霊感で勧請されたのが、七面山奥之院の出世稲

七面山奥之院出世稲荷堂

荷大明神です。

七面山本社敬慎院から奥之院へ来て黒門を入ります。その黒門を入ってすぐ右側に出世稲荷堂があります。

この出世稲荷堂に祀られている稲荷様は元は奥之院の拝殿に祀られていました。この稲荷様が妙進法尼の夢枕に立ちました。

「門前にお堂を建て、そこに出世稲荷として祀ってほしい。七面山奥之院を護ることはもとより、参詣参拝の人々を守護し、特にその人たちの出世開運のために働く。」というのでした。

当時の別当であった私の父親日鄭上人はその言葉通りに、今の所にお堂を建て、出世稲荷大明神を勧請しました。

私が昭和三十六年に別当に就任し、早速奥之院の整備に取りかかりました。第一に着手したのが出世稲荷前の石垣工事でした。

当時のコンクリート工事は大変でした。セメントと砂は、下から人の肩で背負い上げなければなりませんし、砂利は山の砂利をふるっての工事でした。しかし立派に仕上がり、入口の黒門も新しく建立し直し、門前の出世稲荷堂も改築しました。石垣の上には、今の奥之院参篭殿の二階建ての建物を建立することができました。

当時はすべて現地の木を、木挽《びき》さんに挽いてもらっての工事でした。その後出世稲荷堂は一回り大きく改築されています。

伽藍房大善神《がらんぼうだいぜんじん》

神力坊

神力坊は七面山表参道の二丁目にあります。「神力坊縁起」によると身延山第十二世円教院日意上人《えんきょういんにちい》（一四四四―一五一九）代に創立されました。正式に「神力坊」と呼ばれるようになったのは、身延山の第三十三世遠沾院日亨上人《おんでんいんにちこう》（一六四六―一七一二）代でありました。

徳川家康公のご内室養珠院《ようじゅ》お万の方（一五七七―一六五三）が、白糸の滝で二十一日間修行し、色身清浄を祈願しました。二十一日間の修行が終わろうとした時に、七面大明神の応現に逢い、女人禁制を解いて初めて女性で最初の足跡を七面山に残しました。その時にお万の方が登った登山道が現在の表参道だと言われています。

神力坊・伽藍坊堂

養珠院お万の方は、白糸の滝で三度修行し、七面山に三度登詣しました。

そのお万の方が白糸の滝で修業した時参篭したのがこの神力坊であったと伝えられています。

この神力坊に伽藍房《がらんぼう》のお堂があり、伽藍房大善神をお祀りしています。

伽藍房大善神は、七面山の山神です。雲切り木剣で有名な身延積善坊《しゃくぜんぼう》流の満行院《まんぎょういん》日順《じゅん》上人（元禄十四年・一七〇一寂）は、七面山で修業中にこの伽藍房大善神を感得し神力坊に勧請しました。

七面大明神のお働きを助け、七面山へ登詣修行する人たちの安全無事を守護する守護神としてその霊験はあらたかであると言われています。

因みにこの神力坊には、寺宝として養珠院お万の方が使用した篭の棒が残されています。

神通稲荷大明神《じんずういなりだいみょうじん》

神通坊

北参道麓にある神通坊は、北参道を登る人たちの決心寺です。ここで七面山登詣の無事成就を祈り、七面山の山頂を眺めて「さて登るぞ！」と決心する所です。

この神通坊の創立は何回かの消失のために定かではありません。天明元年（一七八一）の身延山第四十七世亮心院日豊上人《りょうしんいんにっぽう》揮ごうの棟札が残っています。

昭和二十五年にまた火災にあい再建しましたが、寺号を九州方面に譲り渡してしまったということです。したがって境内地や山林それに建物等は常蔵寺に合併しました。

昭和五十一年常蔵寺第三十二世に就任した服部日行上人は神通坊の復興に努力し、昭和六十年に常蔵寺別院神通坊本堂を建立し、さらに平成七年には庫裡を建立しました。

神通坊・稲荷堂

それに引き続いて境内の整備、墓地の整備等を行い、七面山北参道入口の山容を一新し、登山者の信心を増進させる活動を続けました。

神通坊から北参道入口の鳥居に向かって行くとすぐ右側に、「神通稲荷大明神」のお社《やしろ》があります。

このお社は昭和五十六年の日蓮聖人第七百遠忌に建立されたものです。神通坊の本内に勧請されていた神通稲荷様をこのお社に勧請し、さらに同じく本堂内に在った「御崎《みさき》稲荷大明神」も併せてこのお社に勧請されました。

幾度か火難にあっている為に、この両稲荷様の縁起は解りませんが、名前から想像するに、古くから七面山の麓を守って勧請されていたのではないかと思います。

この両稲荷様は、七面山登詣者を護ってお働きくださっておられます。

七面さまのご利益

七面山登詣修行

七面山の参道は、表参道が五十丁、北参道は七面山奥之院までが四十丁で、奥之院から本社敬慎院まで十丁です。両参道とも五十丁で、大変な修行のお山です。

普通の人で登るのに四〜五時間、ゆっくり登ると六〜七時間かかります。

冬でも登る時は汗をかきますので、真夏の時の修行は汗がふき出すほどです。息ははずみ、足が痛む中で、一歩一歩登るほどに心が七面さまに向かって、自然にお題目が口をついて出てきます。

いろいろな思いが出て来ては消えていきます。いろいろな反省が生まれ、感謝も生まれ、心が澄んできます。

七面山奥之院拝殿

大自然の中に抱かれて、大いなるものに生かされている思いが涌いて来て、ありがたいという感慨はこういうことかと感じられてきます。

七面山の登詣修行は、まさに「感応道交《かんのうどうきょう》」の修行です。私達が七面さまに一心にすがって修行する信仰の力を「感《かん》」と言います。七面さまが私達の信心を受け取ってくださって、それに応えてくださる神力、ご利益を「応《おう》」と言います。

この私達が七面さまを恋い慕う気持ちと七面さまが私達を慈念してくださる気持ちとが一体になることを感応道交《かんのうどうきょう》と言

七面山奥之院御内陣

います。

五十丁の山坂を登る中に、私達はすでに七面さまのご益を頂くことができるのですから、ありがたい山です。

今の時代は、楽をして幸せを得たいという考え方が多いようですが、そうは問屋が卸しません。幸せは私達の心の反映でいただけるものですから、ご利益の神様である七面さまは、その辺をよくご覧になっておられるのではないかと思います。

なぜならば、法華経提婆達多《だいばだった》品に説かれているように、八才の龍女は、「慈悲仁譲《じひにんじょう》・志意和雅《しいわげ》にして能《よ》く菩提《ぼだい》に至《いた》られた」からです。つまり慈悲の心を持ち、常に相手の立場を思い、気持ちがいつも和やかであったので、早く仏様の境涯になって、衆生を救う神様になられたからです。

だから七面さまは、いつも私達の気持ち（感）をご覧になっていて、七面山登詣修行の中で純粋無垢になっていく私達を慈念で抱いていてくださるのだと思います。これは大変な山坂の修行の功徳です。

七面さまのお姿を瞻仰《せんごう》する

お風呂を頂いて汗を洗い流し、さっぱりした気分で、お開扉を受けます。

七面大明神の御神体がお祀りしてある所がご内陣です。ご内陣に端座して七面さまに面奉します。苦労して登詣修行させて頂いた感激が心の底から涌いてくるのもこの時です。

法華経の観音経の一節に、「観音様のご利益を常に願い、観音さまをしっかりと仰ぎ見なさい」（常願常瞻仰《じょうがんじょうせんごう》）というお経文があります。

七面さまのいつものご守護にお礼を申し上げ、これからもご守護くださいと申し上げ

て ご尊顔を拝すると、法悦で心がいっぱいになります。この時こそ、七面山に登って来て本当に良かったと思います。

私達は普段いろいろな悩みや苦しみをかかえていますが、七面さまの尊顔を仰ぎ見ながら、どうか明るい道が開かれていきますようにと、しっかりとお願いすることができます。もしそんな悩みが解決したら、必ず世のため人のためになることを約束して来たいものです。

影嚮石のお百度修行

今年の七面山奥之院影嚮石お縄上げ大祭が九月十七日に行われました。

七面山奥之院は四年毎に別当が交替しますが、非番別当も必ず大祭には参加して副導師を務めることになっていますので、両別当そろって大祭法要が営まれます。

お縄上げ大祭は毎年影嚮石を始めとして各所にしめ縄を新しく奉納する大祭です。そのしめ縄を奉納する費用を負担してくださる方が大祭願主となります。

今年（平成二十六年）の大祭願主は（宗）東京妙日会で、八回目の大祭願主を務められ

影響石お縄上げ・9月17日

ました。奥之院の四年毎の別当任期の最初の年に願主となって、八回目ですから、実に二十七年間七面大明神への奉仕を続けて来られました。

親から子へと信仰が伝えられて、いよいよ信行活動が盛んになっている妙日会の姿を見て、七面大明神さまのご利益を頂いていることを実感させられます。

七面大明神さまのお悦びは、そのまま真心を捧げる人の悦びとなると思います。

この影嚮石には七面さまの霊力が宿っていますので、いろいろな修行をして願掛けが行われています。

①七廻り半の修行―先ず影嚮石を右廻

りに七廻り半する修行です。お題目を唱えながら、心願成就を願って廻ります。お太鼓を打って廻る人もあれば、時々影嚮石に両手を触れて廻る人もあれば、人それぞれに心を込めて祈願して廻ります。

②お百度廻りの修行―七廻り半よりもっと修行したいという人はお百度廻りです。数珠や数取り器で数えながら修行します。お願いする心願を、しっかり七面さまに申し上げることです。

③黒門より影嚮石を一廻りするお百度修行―奥之院の入口の黒門から影嚮石を一周して黒門に戻り、それを百回参りする修行です。これは少し時間がかかりますが、本当に修行させて頂けたという充実感を味わうことができます。

修行は神仏の霊気を自分の魂に感じさせて頂くものですから、必ずご利益を頂けることを確信させて頂けます。

ご内陣でのうしみつ行

新潟七面講の会長の田村先生は、七面山へ登詣すると必ず奥之院のご内陣で「うし

七面山奥之院大祭・9月17日

みつの行」をされました。講員も全員交替でこの行をしていました。真夜中に懐中電灯をもってご内陣に行き、真っ暗闇の中で無言の行に徹し、七面さまと対座します。七面さまと二人だけで対話して七面さまのご守護を請います。毎年二回寒と夏の土用の二泊三日の修行で、登詣した人達は皆心晴れて下山して行きました。

そのことを知ってから、七面山奥之院青年行学錬成会では、「うしみつ唱題行」を一時間持つことにしました。その修行は今でも続いています。

これは錬成会のメインの修行となっていますが、参加者全員が感動し、感激の涙を流していきます。

影嚮石大祭紅白お綱守り

毎年の影嚮石お縄上げ大祭には、ご内陣の七面大明神のご尊体と新しいお縄とを紅白の布でつなぎます。つまり紅白の布で七面さまのみ魂を新しいお縄に通わせます。このしめ縄開眼の神事が影嚮石お縄上げの大祭です。この法要が済むと紅白の布ははずされて、大祭参加者に分けられます。これは本当に貴重なお守りとして喜ばれています。七面さまのご利益の一つです。

七面山のお札・お守り

七面山ではいろいろなお札やお守りがあります。総合的に七面大明神様にお守り頂くためのお札はご守護札ですが、特別に願いを叶えて頂くための祈祷札は、それぞれ特別祈祷をしてお札を頂きます。

その他に盗難除けのお札、火難除けのお札等が人気があります。お守りも七面さまのお姿が印刷されているお守りが一般的です。このお守りは財布などに入れて持ち歩くこともできますし、ご宝前やお仏壇に祀って拝むことができます。私は七面さまのお姿のお守りはいつも携帯しています。

七面山奥之院でよく出るお守りは、「開運守り」や「身替り守り」です。「身替り守り」は、日露戦争の頃、駒形の板札にお題目と七面大明神の名号を書いて出したのが始めだそうです。今では手作りでは間に合いませんので機械化された中で作られています。戦争のない平和な時代でも、交通事故やいろいろな災難を、大難を小難に、小難を無難にという願いから、この身替り守りの人気は衰えていません。

交通安全守りは、車社会の時代ですから一番多く受けられていく様です。

定林寺では保育園を経営している関係で時々安産の祈願を頼まれます。その時には妊婦の腹帯に、七面山奥之院の「安産守」を付けて差し上げています。

妙符

通妙院日隆上人《つうみょういんにちりゅう》(一六三二—一七一〇)は七面大明神様から「護符」の秘伝を頂きました。それぞれのお寺に伝わる妙符は、口伝《くでん》によって伝えられて来ています。ですからその神符の内容や造り方は、そのお寺独特のものです。

七面山敬慎院では伝統の妙符を出していると思いますが、七面山奥之院でも口伝《くでん》によって妙符が造られています。

七面山は冬場は雪が積もって冬ごもりの時季ですから、昔から冬は妙符造りの時と決められています。

常備薬のように備えている人もあれば、何かの時に人助けの為に差し上げる人もあって、妙符を受ける人は一度にたくさんの数を受けていきます。

科学万能時代と言われる現代でも、この妙符信仰は根強いものがあります。

お砂《すな》

今は造られているかどうか分かりませんが、昔から「七面山のお砂」は有名です。

七面山の一の池の土は、珪素の成分が多い土で、傷口に効くと言われてきました。それでお池の土を取って、臼で細かく搗《つ》いて、それを小さな団子に丸めます。それを天日に干して乾かしたものが、七面山のお砂です。

これは天日に干す作業ですから、夏に造られ、これに大勢の人達が奉仕して来ました。今では諸般の事情で造ることが中止になっているのか、お砂のことはあまり耳にしません。これも時代の流れでしょうか。

お霧草《きりぐさ》

昨年（平成二十五年）の十月まで七面山奥之院の別当を務めていた住職に、「今七面山のお霧草はどんな状態か」と聞きましたら、「お霧草って何です」という質問が返ってきました。

私が別当を任せて副別当になり、それから本別当になって任期が終る昨年まで二十年を経過しています。その間、お霧草は全く姿を消していました。自然界の七面山から無くなったわけではありません。

七面山奥之院より拝する富士山

お霧草は、木の枝の上で霧によって成長する草です。ふわふわした柔らかい草で霧深い山にしか見られません。七面山は霧も深いし、成長し易い環境なのか、たくさんの霧草が木の枝々についています。

これを摘んできて、拳《こぶし》ぐらいに丸めて細い紙で束ねます。

このお霧草が漢方薬として人気があり、山務員もこれを採集してご信者の方々に差し上げるのが楽しみでした。

しかしこれも時代の然らしむる所、別当までも知らないものになってしまいました。でもまた復活するかもしれません。

虫切りの秘法

私が七面山奥之院の二回目の別当に就任したのは昭和四十四年の十一月で、三十五才の時です。その頃九州からよく七面山へ参って来た高田さんという方がありました。高田さんは中学校の先生で、信仰に大変熱心な方でした。中学校を退職して僧侶になりたいということで、私が師僧になって名前を貞修と改名して日蓮宗信行道場を終了しました。

その後地元の九州で布教活動に専念し、平成二十三年に遷化しました。

その高田貞修上人は若い時から信仰に熱心であっただけに、霊感の強い人でした。七面大明神さまから「虫切りの秘宝」を授けて頂いて、人救《だす》けをしていました。念願の日蓮宗のお坊さんになれたということを喜んで、そのご恩返しにと言って、私と家内にその「虫切りの秘法」を伝えてくれました。

その頃丁度家内は幼稚園・保育園の園長をしておりましたので、子ども達にその秘法をほどこしていました。

先生達がもてあましたり、手に負えない子どもが居る時は、良く職員室で虫切りをしてあげると、不思議とその子どもは素直になりました。

虫切りをすると、その子どもの指先に現実に糸の様なものが出て来ますので、先生達もその現象を見て虫切りの真実性を信じるようになりました。

「如来秘密の神通の力」とお経文にありますが、神仏の不思議な力でご利益を頂いていきたいものです。

薬のびんを授かる

昨年の秋、赤ちゃんを連れたご夫婦が群馬県から定林寺に参って来ました。住職が所用で留守でしたので、院首の私が家内と応対しました。そのご夫婦は、住職が七面山奥之院の別当をしていた一昨年七面山奥之院で結婚式をしたご夫婦でした。今年女の子の赤ちゃんが授かり、その報告とお礼参りに来たというのでした。

あの山の上で結婚式をするのは、本当にめずらしいし、よほど七面さまが好きでないとできないことです。若いのに感心だなと思った私は、どういう縁で七面さまへの信仰を持ったのか聞いてみました。

そのご夫婦のご主人Hさんは、いま群馬県で配管工をしていますが、小さい時から叔母さんに連れられてよく七面山へお参りに登っていたということです。

その叔母さんは熱心な七面信仰者で、七面大明神さまに救われてから日蓮宗の尼僧さんになり、長野県のお寺の住職になられました。

その叔母さんは、若い時から婦人病に悩まされていて、医薬を尽しましたがなかなかはかばかしくありませんでした。そんなことから神仏に頼むようになり、七面山へのご縁を頂いて、七面山への月参りの修行が始まりました。

七面山への登詣修行は、陽気の良い時は大変でもそれなりに気が楽ですが、厳寒の雪の季節にはそれこそ気を引き締めて登らなければなりません。

しかしこの気を引き締めて緊張して登る七面山は、何ともありがたい気分にしてくれます。それに参拝者も少なくて山は静かですから、心ゆくまで七面さまと語り合うことができます。

ある冬の日、七面山に参篭したHさんの叔母さんは、一人七面山の御内陣に座して唱題読誦していました。その時一瞬まどろんだのでしょうか。まさに夢か幻かという状態

七面山奥之院からのご来光

の中で、七面さまが小さな薬のびんを渡してくれました。その薬のびんを「ありがとうございます」と言って両手で受け取って、はっと我れに返りました。
それからというもの、長い間苦しんでいた病が徐々に消えていきました。
七面さまから大変なご利益を頂いたHさんの叔母さんは、七面さまへのご恩返しのために、七面さまのありがたさを人様に伝えようと、一代発心して日蓮宗の尼僧さんになりました。先年この尼僧さんはお亡くなりになったそうですが、私は一度この尼僧さんのお寺へお参りしたいと思っています。七面さまのご利益を讃仰するために。

使いを遣わす――妙法山龍神の勧請

新潟七面講の会長であった田村先生は、霊能のすぐれた方でした。真面目で純朴で、信頼できる方でした。こうした人間的にも優れていた方でしたから七面さまにもお気に入られたのではないかと思います。

新潟七面講の田村次郎吉先生は若い頃から毎年寒と夏の土用には七面山奥之院で参篭修行をしました。特に真夜中のうしみつの行は欠かさず続けていました。ある時七面さまから宝珠を授かって、不思議な力を頂きました。それによって人救けが始まり自然に七面講ができていきました。

その田村先生が寒参りをする時は、よく定林寺に寄って七面山へ登られました。

私が未だ大学生であった時は、母親が七面山奥之院の別当代理として、お上人様達のご協力を頂きながら、本当に命をかけて七面山奥之院の運営に当たっていました。

その頃定林寺に寄られた田村先生は、定林寺の庫裏の裏の池をご覧になって、その池

定林寺妙法山龍神宮

をきれいにして、その奥に「妙法山龍神」をお祀りするように言われました。

私の母親は田村先生の言う通りに池を整え、七面山奥之院で「妙法山龍神」のお札を開眼してもらって、裏庭に小さな石の祠をしつらえて勧請しました。

それから定林寺は飛躍的に発展していきました。本堂、庫裡とも麦わら屋根で、毎年屋根替を続けるだけで他の事業など出来ない状態でした。それが私の入寺を機に瓦屋根にすることができました。

定林寺への入口は、県道から六尺巾の道で車がようやく入れる位でした。何とか入口と前庭を広げたいという願いも叶い、日蓮聖人七百遠忌の昭和五十六年には、広くなった前庭に参道ができ、境内整備して寺観を一新することができました。

それで「妙法山龍神」を世に出して、皆様にお参りして頂けるように、表に新しく社を造り移転勧請しました。

元の裏の祠はそのままで、いまもお曼荼羅をお祀りしています。

「妙法山龍神」を表に勧請してからは、定林寺のお会式の時には、この龍神様とその横に祀られている妙法稲荷様の大祭を行っています。

田村先生を遣わして、定林寺の守護神を大切にするように、七面大明神が教えてくださったと思うと本当にありがたいと思っています。

七面さまを信仰していると、何かの時には必ず人を遣わしてお手配くださることを、私は多くの体験の中で確信しています。

日向山八大龍王尊のこと

日向山仏舎利平和宝塔が建立されたのは、昔からあった「日向山祖師堂」を復興する話から始まったことでした。

日向山祖師堂は、六老僧の一人海外伝道の祖と仰がれている蓮華阿闍梨日持上人開基のお堂だと言われていました。それが戦時中は維持できなくなり、昭和二十年の終戦の年に取り壊して、祖師像を始め仏像や仏具は定林寺に下ろして日朝堂にお祀りしていました。

日向山は荒れ山となり道も草で分からなくなった昭和四十五、六年頃、日蓮聖人御聖誕七五〇年を迎える頃です。七面山へ月参りをしていた山口県の吉村妙厚法尼が訪ねて来て、日向山への案内を請われました。

その日向山の旧祖師堂屋敷跡で、復興することを誓ったのが、日向山復興と仏舎利塔建立の始まりでした。

しかし荒れた細い道しかなかった日向山に、祖師堂を建て、仏舎利塔を建てることなどは想像もつかないことでした。

それ以来吉村法尼は七面山の帰りに毎月日向山へ登り、祖師堂の屋敷と日向山の中央にある池を浄めてくれました。

その日向山の池は、昔から水が絶えないという池で、森青蛙の生息地です。

吉村法尼は、その池をきれいに整備して八大龍王様をお祀りするように言われました。そうすれば、日向山の復興が進むというのです。

私はその言葉を聞いて、これは七面さまのご指示だと思いました。使いを遣わして告げてくださっているのだと直感しました。

今は、日向山の池の所は一段と高くなっていますが、当時は周りが平地で桑畑に囲まれていました。

吉村法尼の言われる通りに池をキレイにし、法味を捧げて法楽し、お酒やお塩で浄め続けました。

そうこうしている内に、何の運動をしたわけでもありません。鰍沢町（現富士川町）で、鹿島から日向山までの今現在ある自動車道路を新設することになりました。

着々と進む道路工事の現場を歩きながら当時私は、神様の不思議な大きな力を感ぜざるを得ませんでした。

道路が完成するとすぐ、池の周りには石を積みました。中央には橋をかけ、池の中央

日向山八大龍王宮

に登れるように石段を付けました。

その池の中央の小高い部分に日向山八大龍王尊の社を据えました。その社は、甲府の故加藤宮師が製作してくれたものです。

加藤宮師は、七面山奥之院に数々の名作を残してくれていますが、その中でも七面大明神の御宮殿は加藤宮師の記念すべき名作だと言っても過言ではありません。この方も、私は七面さまが遣わしてくださった方だと思っています。

鹿島からの自動車道ができたお陰で、日向山の池が整備できただけでなく、いよいよ日向山仏舎利塔の建立に伴う日向山の復興が始まりました。

日向山仏舎利平和宝塔建立奉賛会長には、定林寺護持会長の望月勇氏が就任し、その息子の望月勇雄氏に山勇工業を設立させて、その初仕事に仏舎利塔の建立工事を任せることになりました。

設計管理者の金子氏もすばらしい方でした。皆安心してお願いできる方々に恵まれたのも、七面さまのご配慮であったと、今つくづく思います。

それに建立本願人を始めとした全国の六千人余の方々が浄財を寄せてくださいました。これらの方々は全て七面さま、八大龍王さまが遣わしてくださった方々だと思って、日々日向山丹精之面々の除災得幸をお祈り申し上げております。

日向山仏舎利塔が建立成って、今年（平成二十七年）は二十八周年となります。ご丹精くださった方々の内、大勢の方々がお亡くなりになりました。その方々の報恩のために「日向山丹精者物故者之諸霊位」の位牌を造立し、毎日ご供養の真心を捧げさせて頂いております。

いま日向山では、毎月二十八日の祈りの日に「世界平和・核兵器廃絶を祈る唱題会」を開催しています。平成十一年（一九九九）四月から始めて十六年になります。今まで一回も休むことなく続けて来られたのは、地元はもとより、全国各地から大勢の皆様が参加してくださっているからです。

七面さまのみ心は、法華経提婆達多品に説かれているように、「一切衆生を苦しみから救って幸せにする」ことです。そのみ心を持って、いつも私達を見守っていてくださるのが七面さまです。ですから「七面さま！」とすがっていく人には、必ずご守護の力を加えてくださいます。

その七面さまにすがる心と、七面さまのみ心とが一つになった時に、ご利益を現前のものとして頂くことができるのだと思います。

一切衆生が幸せになる原点は何でしょうか。私達が幸せになる原点は何でしょうか。私達の個人の幸せも、家庭の幸せも、職場や社会、国家の幸せも、世界人類の幸せも、その原点は平和です。平和なくして私達の幸せはありません。

「一切衆生を救う為に、大乗の法華経の教えをもってする」と経文にあります。法華経の教えは平和です。平和の法華経のみ心を持ってお働きくださっているのが七面さまです。このみ心に合わせて世界平和を祈る、人類の幸せを祈る、一切衆生の幸せを祈るご利益は、何にも増して大きいものである筈です。

世界平和を祈るなんてとんでもない。自分の幸せを祈ることが先だと思うかも知れません。自分も世界も一つです。平和は全てにつながっているからです。

世界平和を祈る人々は、七面さまが遣わしてくださっている尊い方々だと思います。

七面さまのみ心

釈尊像の勧請

私が初めて七面山奥之院の別当になったのは、昭和三十六年（一九六一）の十一月二十七才の時でした。その頃は七面山への登詣者が増え始めた時でした。

霊友会を始め立正佼成会、妙智会、佛所護念会等のお題目系新興教団は競って七面山を修行し、日蓮宗の寺院・教会・結社や講などの団体も、修行のお山としての七面山へ登詣し、七面山は急速に参拝者が増加していく時でした。

七面大明神へのご奉仕に燃えていた若い別当を信者の皆様は何かと支えてくれました。その頃から七面山敬慎院も七面山奥之院も内外倶に充実していきました。七面山本社敬慎院には、日本山の藤井日達上人がインド将来のお仏舎利を納められました。そ

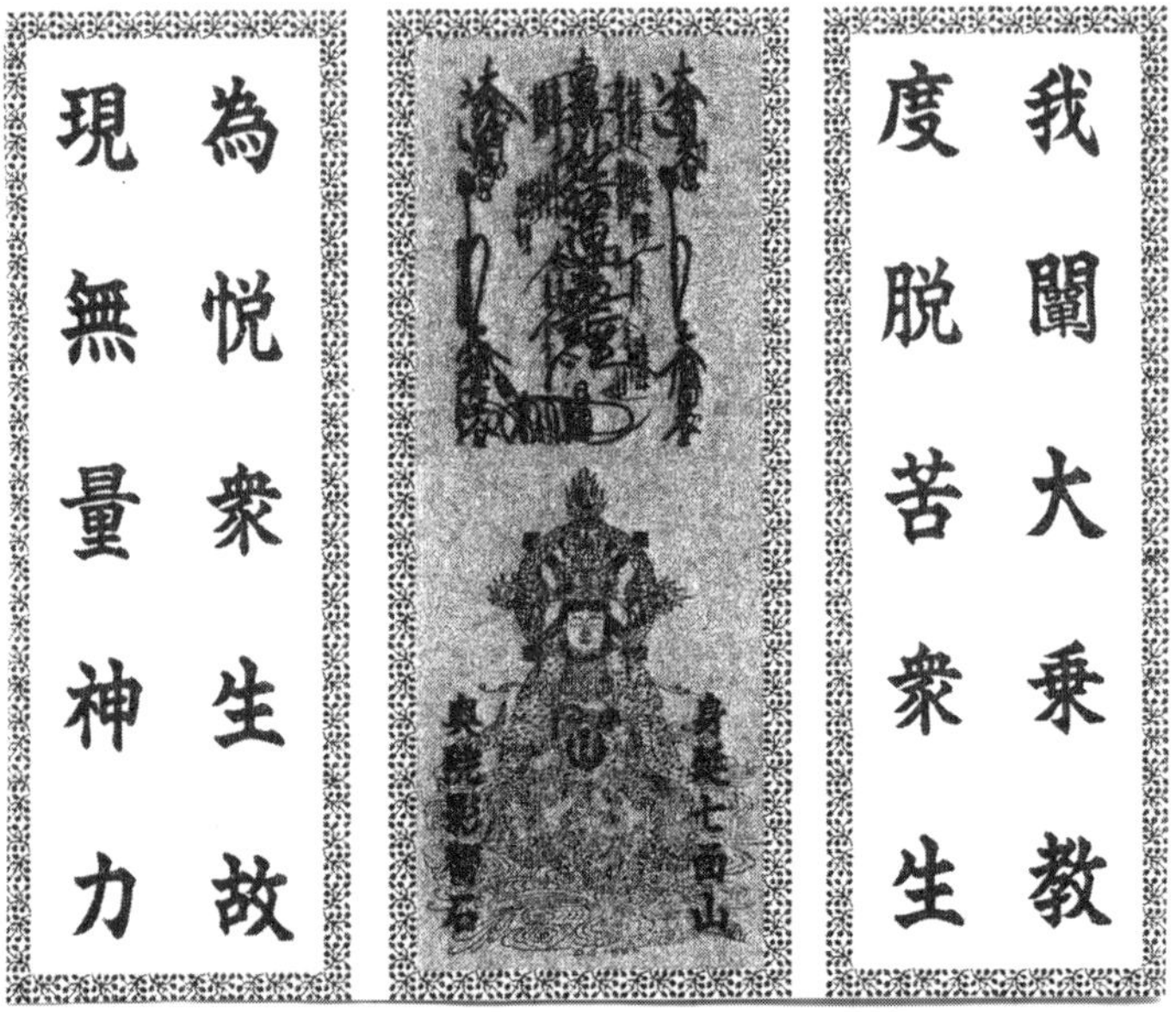

七面山大明神御守

れで釈迦堂が本殿の奥に建立され、そこに釈尊像とお仏舎利が勧請されました。

同じ頃七面山奥之院にも釈尊像が奉納されました。奉納の施主は日蓮宗尼僧法団の団長を務められていた梶山日深智孝上人でした。梶山上人は仏教各宗にわたる全国尼僧法団の団長も務められていた活動家でした。毎月大勢の信者さん達を引率して七面山への登詣修行をされていました。

七面大明神のご守護は、法華経のご本仏への信仰の中に頂くことができると言われて、法華経信仰の中心を忘れてはならないと、いつも説かれていました。そのことから七面山奥之院に釈尊像を奉納することになりました。

釈尊像を製作されたのは、田畑一作先生で、身の丈一尺の金色の立像で、眉間の白豪相にはダイヤが光を放っています。

このすばらしい釈尊像を大勢の信者様達と背負い上げてくださり、七面大明神の御宝前で勧請式を営みました。

因みに田畑一作先生の大作として、笛吹市小石和の蓮朝寺（梶山善生上人住職）勧請の「慈母観世音大菩薩」があります。

昭和四十六年（一九七二）に、宗門は日蓮聖人御聖誕七五〇年の佳辰を迎えました。丁度その二年前の昭和四十四年、私は第二回目の別当として上山しました。早速「日蓮聖人御聖誕七五〇年慶讃七面山奥之院記念事業」を計画し、四年間の任期をかけて、七面山奥之院の再生の事業に取り組みました。

その第一の目玉として取りかかったのが七面大明神の御宮殿の新造と拝殿の改修整備でした。

七面山奥之院御宮殿

七面山奥之院の御内陣は、明治の建立以来仮建築で狭い御内陣でしたが、前別当の本定寺故大滝義照上人のご丹精で本建築の立派な広い御内陣が仕上がっていました。しかし御宝前等の荘厳整備は後の別当の私に委ねられていましたので、この御宝前の荘厳を慶讃事業の中心に据えることにしました。

御宮殿の製作には甲府の故加藤宮師をお願いしました。

その御宮殿は、七面大明神の御宮殿ですが、先に納めて頂いていた釈尊像をその御宮殿に一所に勧請することにしました。御宮殿の中を二段にし、上段に釈尊像を祀り、その前に七面大明神の御尊像を勧請することにしました。七面大明神のお姿を拝む人は、七面大明神と一緒にご本仏様を拝むことができるからです。

日蓮聖人御聖誕七五〇年慶讃記念事業が悉く皆完成した昭和四十八年七月七日、盛大に落慶式が営まれました。当時八才だった長女の真弥《まや》が天童祭文を言上しました。

祭文「気高き富士に向かいたつ此の整域はその昔、七面様がお姿を現し給う霊地なり。迷える衆生に温かき救いの御手をさしのべて両の腕にだきたもう。その尊きお姿は赤子をいだける母に似て、慈愛の海は限りなし。時あたかも我が祖師の生誕七百五十年、乱れたる世に法華経の光をともして人々にまことの道を教えるは、厳しき慈父の愛にして亦その大恩はかりなし。この大父母に報いんと慶讃事業を発願し今日の佳き日に神域の荘厳なりて落慶の報恩法会を修し給う。法の御声堂に満ちこの浄業を寿がん。ただ願くはとこしえに慈愛の光輝きて人々共に睦み合う平和な世界の来まさんことを。天童代表切刀真弥敬って白す。」

御本仏様への誓い

七面さまは、法華経提婆達多品第十二に説かれている龍女が成仏した法華経の守護神です。

南方無垢世界で成仏した八才の龍女が、仏様の三十二相八十種好という立派な相好を具えて、法華経という最高の教えで一切衆生の幸せのためにお働きになります。

この南方無垢世界でご活躍の仏様が、日本の七面山にお住まいになられて、七面大明神となられました。

七面山は元々山神が宿る幽玄な山であり、龍神の住む七つ池があります。古くからあらたかな山として崇められていました。ご本仏様のおはからいでありましょう、このあらたかなお山に八才の龍女が成仏した仏様が来られて、七面山の神々様と合体されて七面大明神と呼ばれるようになったと、私は信解しています。

八才の龍女は、八大龍王の一人である娑竭羅龍王《しゃからりゅうおう》の女《むすめ》で、龍宮で文殊菩薩から法華経の教化に遭い、法華経の菩薩道の教えを体得しました。何故そんなに早く法華経の教えに了達することができたのでしょうか。お経文によれば、それは、その娑竭羅龍王の八才の女は、いつも衆生を慈しみ思う心を持っていて、それは母親が赤子を慈しみ思う心と同じであったからだと説かれています（衆生を慈念すること猶お赤子の如し）。

法華経で仏様になられ、七面大明神としてお働きくださっている七面さまは、いよいよご本仏様のみ心を体し、一切衆生の幸せのために私達を導いてくださいます。

娑竭羅龍王の女《むすめ》は、龍宮から法華経が説れている霊鷲山に現れ、釈尊のみ前に進んで、大白光に輝く釈尊を讃嘆しました。

その龍女が釈尊をほめたたえる偈文を、三枝充悳博士の「法華経現代語訳」から引用させて頂きます。

「仏は深く罪と福との両方の相を通達して、あまねく十方を照らしたもう。奥深くすぐれて浄らかな法身は、相をそなえること三十二、さらに八十種好をもって用いて法身をおごそかに飾る。

それは天・人々があがめて仰ぐところであって、龍神もことごとく恭敬し、すべての生あるものの類で、仏を尊敬しないものはない。

また（文殊が海中で法華経を説くのを龍女が）聞いて、さとりを感じたということは、ただ仏だけがまたはっきりと知りたもうに違いない。

わたくしは、大乗の教えを開き示して、苦に陥っている生あるものたちを済度しよう。」

龍女は、最高の賛辞をもって釈尊をほめ讃えました。釈尊が説かれた法華経の教えで、自身がさとりを成ずることができた感激がほとばしり出たからでありましょう。

八才という若さで、それも女性であり、さらに畜生である龍女が、仏になることができた悦びは、何物にも譬えようがないほど大きなものだったと思います。

ご利益を頂いた悦び、特に神仏からご守護を頂いた悦びを法悦と言います。法悦は私達の魂の悦びですから、心の底から涌き上がってくるものです。

この法悦の中で、このご恩返しのために、神仏のみ心のままに、世のため、人のため、世界平和のためにならせて頂こうと、決意のようなものが生まれてきます。信仰の尊さはこれだと思います。

龍女は、この決意を偈文の最後に述べました。それが漢訳では、

「我れ大乗の教を闡《ひら》いて苦の衆生を度脱《どだつ》せん」という言葉です。

大乗の教えとは法華経のことです。さらにつきつめていけば、ご本仏様の魂である南

無妙法蓮華経です。

「闡く」というのは「説き示す」ことです。南無妙法蓮華経の秘密神通の力、不思議な大光明を説き示し、その力や光を与えていくということです。

「南無妙法蓮華経の大神力や大光明で、一切衆生が苦しみや不幸から脱して幸せになり、この世の中が平和で安穏になるように働きます」と、龍女はご本仏様に誓願されました。

この龍女の誓願は、ご本仏様のご本懐でもありますから、龍女はここでご本仏様と一体になられて、ご本仏様の相好も具えられました。

ご本仏様の魂・南無妙法蓮華経を唱えさせて頂く私達は、ご本仏様、七面さまと一体になって生きていることを忘れてはなりません。信仰の中心はご本仏様です。

恋慕渇仰の修行

修行のお山

七面山は修行のお山です。五十丁の山坂を自分の足でしか登れない山です。おかご（駕籠）やヘリコプターの便もありますが、これは特別例外です。日蓮宗で七面山と同じように修行するお山は他にありません。それだけに七面山は尊いお山です。

七面さまがご本仏様に誓われた、「苦しんでいる一切の衆生を救って安心《あんじん》を与えます」というみ心にすがって、大変な山坂でも一心に登る姿は修行の他の何ものでもありません。

私達が生きていく上で、いろいろな悩みや苦しみがあります。生老病死を始めとした四苦八苦があり、一切皆苦とも言われています。

とりわけ私達の当面の苦しみは「貧・病・争」からくる苦しみで、これから脱出したいという願いが一番切実な願いではないでしょうか。

経済的に逼迫して、大変な不幸に陥る苦しみは貧の苦しみですね。

人生にとって健康ほど尊いものはありません。健康であれば生きる希望も涌くし、周囲をも明るくしていくことができます。病の苦しみから脱却したいというのは万人の願いです。

経済的に恵まれていて、さらに健康である人でも、家庭が不和であったり、人間関係がうまくいかなかったりしたら、毎日が不安です。

これは世界や国の場合も同じです。いくら経済的に発展していても、いくら繁栄している国でも、一旦戦争が起きるような事があれば、人々は不幸のどん底に落ちてしまうのと同じです。ですから平和は私達の幸せの根本原理です。

これら貧・病・争の苦しみを背負って、ひたすら七面大明神の大慈念にすがって登る修行が七面山の修行です。ですから七面山の修行は「恋慕渇仰」の修行です。

法華経の中心「如来寿量品第十六の自我偈」に、「ご本仏様を恋慕し渇仰の心をもって身命を惜しまず修行する時には、ご本仏様が必ずその前に現れる」と説かれています。

七面山の登詣修行は、七面さまを恋慕渇仰して身命を惜しまず登る修行ですから、七面さまがほうっておく筈がありません。どんな苦しみでも、必ず救って頂けるという信心を涌かせて頂くのが、七面山のありがたい修行です。

罪障消滅のお山

七面山は罪障消滅のお山です。むしろ蘇生《そせい》―生きかえるお山だと言った方がいいかもしれません。

五十丁の山坂を登ると、真冬でも汗が出ます。ましてや真夏などは、これ以上出ないというほど体中から汗がふき出てきます。その汗に流されるように、自分の人生のいろいろな反省が涌いてきます。人に言ったこと言われたこと、自分がしたことされたこと、災難にあったり苦しんだり、助けたり助けられたりしたこと等々、素直に冷静に受け止めて反省し流して消していくことができます。

七面山で流す汗は、身を浄めるだけでなくて、心をも浄めてくれる汗ですから、まさに七面山の修行は罪障消滅の修行です。

日蓮聖人は「どんな重い罪でも懺悔反省すれば、必ずその罪は消える」と言われています。七面山の修行は、そういう意味で、身心を生きかえらせてくれる尊い修行です。

特に七面山のご来光は天下一のご来光です。春秋の彼岸には富士山の山頂から出て十方を照らします。真赤に燃えて昇る太陽を拝していると、心の奥底から感激が涌いてきて、「私達はこの大自然・宇宙の大霊に生かされているのだ」という思いが、ふつふつと涌いてきます。

宇宙の大霊に生かされているという法悦の中から、これからしっかり生きるのだという誓願のようなものが生まれてきます。魂の叫びでしょう。七面山の修行は魂を輝かせる尊い修行です。

七面信仰の発展

戦後の発展

第二次世界大戦中や戦後の日本の状況は大変な時代でした。廃墟と化した国土の復興に日本は立ち上がり、食糧難の中で国民は豊かさを求めて努力しました。

寺院も例外ではありませんでした。特に農地解放によって裸になった寺院は、大伽藍の維持が大変でした。

身延山もその為に山の木を切って売り、経営に当てましたが、多額な借財でどうしようもなくなりました。その困窮の時を救ったのが、法主藤井日静上人を始めとした身延山のお上人達でした。日静上人は身延山に入山するや身延山布教隊を組織して、岩間湛良布教部長を隊長に据え、全国各地に撃鼓唱題の布教を展開しました。

その布教に応えるように全国の信徒も立ち上がり、身延山への参拝者が増えていきました。お陰で身延山は盛り上がって発展の一路をかけ上がっていきました。

身延山の守護神である七面大明神は、身延山当局の広宣流布の信心に応えてくださって、大いなる守護の力を発揮してくださったのだと思います。

時にお題目系の新興宗教が盛んになり、競って七面山へ登詣修行するようになりました。その中でも熱心な団体は霊友会でした。霊友会は、七面山にお題目の宝塔を建て、七面大明神と宝塔供養に熱心でした。

新興団体の参拝に加えて、全国寺院の団参、それに一般信仰団体、さらに全国の七面講等が、七面山を目ざして登詣修行を始めました。昭和四十年代の後半頃から昭和六十年代頃まで、七面山はかつてないような最盛期を迎えました。

その間参道の整備を始めとして、伽藍の増築、環境の整備等が行われました。

昭和四十年前半までは、七面山は荷物や物は人の肩で背負って上がるしか方法はありませんでした。それに水は天水か、池の水を汲んで使っていました。この荷物と水とが解決できれば、七面山はまさに便利なお山になると願っていました。

それがこの時期に荷物用のケーブルが架けられ、中腹の滝から水をポンプアップして水道が引かれました。

一日千人を超す人々が参篭できるようになり、お山は発展していきました。七面さまにおすがりして、ご利益を頂こうと全国から登って来る人が絶えませんでした。

信仰指導者・先達の活躍

七面信仰の曾てないほどの広がりと七面山の発展を支えたのは、信仰指導者として先達の役割を果していた会や講の先生たちでした。全国各地に大小の信仰の会や講が生まれて、日本の復興にともなう経済発展の勢いに乗って、この信仰団体も活発な活動を始めました。その中心的存在であった先達たちは、会員や講員の人たちに信仰の指導をし、七面信仰の中での生き甲斐を伝えていきました。

その先達たちの信仰の根底には、いろいろな悩みで苦しんでいる人々に寄りそって「苦しんでいる人々を救う」という七面大明神のお手伝いをさせて頂くという強い慈悲心がありました。

ですからその先達たちは、決してやさしいだけではありませんでした。時には厳しく信仰の道を説いていていました。

私が七面山奥之院の別当を務めさせて頂いていた時は、この七面山の最盛期の時でしたので、何人もの会の先達たちとお付き合いをさせて頂きましたが、みんな人間的にはすばらしい方たちばかりでした。七面さま一筋に信心深く、気持ちの中には一本筋金が通っていました。七面さまのためには命をかける程の勇猛心がありました。

当時活躍された先達たちは、今はほとんど年を取られたか、亡くなられてしまいました。その後継ぎが育っていれば、何の心配はいりませんが、先達の後継ぎは、その使命が与えられなければ簡単に育つものではありません。

先達がいなくなった会や講は次第に衰えて無くなっていきました。これら熱心な信仰団体がなくなっていくにしたがって、七面山がさみしくなっていくのは当然であります。

それに時代の風潮が宗教に大きな影響を及ぼすことは決して否めません。自ら体を使い、汗を流して登詣する七面山の修行は楽をして幸せを手に入れたいという人々には、相容れられないものがあります。

七面大明神はじめての海外勧請

ハワイのハワイ島最古の町のヒロに、ハワイ・ヒロ仏教教会という日蓮宗の教会があります。昭和五十年代、その教会の主任は七面信仰に熱心な水野妙耀法尼でした。その水野法尼の希望で、七面山敬慎院から七面大明神のご尊像が贈られました。当時のハワイ開教総長は村野宣忠上人でした。村野上人は、この七面さまをお祀りするために、七面堂を建立しようと、わざわざ身延山に来山してその協力を仰ぎました。

昭和五十八年十二月号の身延誌に、そのことが出ていますが、その中で「七面大明神が海外に渡ったことは、おそらく歴史上初めてのことだと思う」と書かれています。

日本の七面山で、法華経のご守護神としてお働き下さっている七面大明神が、いよいよ本来のお働きをなさるために、世界へと出ていかれたことは、本当に七面さまのご本意であろうと思います。

平成二十七年の五月に、ハワイオアフ島、ホノルル妙法寺八十五周年慶讃法要に参加させて頂きましたが、できれば元気な内に、ヒロ仏教教会の七面堂をお参りしたいと思いました。

インド・サルナート法輪寺への勧請

釈尊の初転法輪の聖地サルナートに、佐々木鳳定上人、佐々木妙定法尼が、日月山法輪寺を開創しました。

佐々木妙定法尼は、七面山に月参りをし、七面山で一千万返唱題修行に励んだほどの信仰の人です。苦労を重ねて法輪寺が完成しようとしていた時に、その新しく建立された法輪寺に、七面大明神のご尊像を法納させて頂きたいことを申し出ました。

佐々木法尼は、その私の申し出を快く受け入れてくれました。それで平成二年（一九九〇）の二月、「七面大明神奉納団」を組織してインドのサルナートへ参りました。

その時日月山法輪寺は、外部はほとんど仕上がっていて、内部工事にかかっているところでした。私達一行はその工事中の内陣に座し、七面大明神の奉納式をさせて頂きました。

インド、サールナート法輪寺・七面大明神奉納団

インドで法華経の守護神となられた龍女が、日本に来られて七面大明神となられ、再びインドに帰られてご満足であろうと思ったことでした。

それにつけても、日本からインドまでの渡航中、七面さまのご尊像を、ずっと膝にかかえて持って行ってくれたのは、七面山麓神通坊の服部智穂上人でした。

服部上人は、提婆達多品を口ずさみながら、七面さまのご尊像を奉持してくれました。この七面大明神への敬神の姿に、私達は身のひきしまる思いでした。

法輪寺への七面大明神ご尊像奉納をすませて、私達は仏跡の巡拝をし、ありがたいインド旅行をすることができました。

　その後服部智穂上人は日月山法輪寺の完成のために協力し、さらに完成後は度々法輪寺を訪れて法輪寺の行事などを盛り立てていました。今は亡き上人ですが、きっとみ魂は法輪寺の七面さまの為に働いてくださっていると思います。

身延山スリランカ別院への勧請

　身延山に留学していたスリランカの僧侶のご縁で、身延山スリランカ別院が平成六年（一九九四）二月に落慶しました。当時の身延山総務藤井日光上人の大導師で盛大に落慶式が営まれました。身延山からは大勢の参拝団が参加し、スリランカでは大歓迎を受けての落慶式でした。

　このスリランカ別院開創の事業は、日蓮聖人立教開宗七五〇年身延山記念事業の一環の事業でした。身延山が直接海外への別院を創立したのは初めてではなかったかと思います。その別院には附属の幼稚園を併設し、さらにコロンボ等の幼稚園も開設しました。この大事業を布教部が担当しましたので、私は度々スリランカを訪れて、以後の運営にも関与しました。これらの大事業が成就できたのも、七面さまのお守りがあったと思い、七面さまのご尊像を勧請させて 頂きました。

日向山祖師堂の復興

日向山には、日蓮聖人の直弟子で海外伝道の祖と仰がれている蓮華阿闍梨日持上人開基の祖師堂がありました。

しかしお堂は先の戦争のために維持できなくなり、昭和二十年に取り壊され、仏像や仏具は定林寺に移されました。終戦の年です。その翌年、私の父・定林寺二十四世日鄭上人が遷化しました。私が十一才の時です。

それから日向山は忘れられた山になり、次第に荒れていきました。

私が七面山奥之院の二度目の別当をしたのは昭和四十四年十一月から昭和四十八年十月まででした。その時に山口県の吉村妙厚法尼が、七面山に月参りをし奥之院に参篭していきました。妙厚法尼は霊感の強い方でした。

ある時、吉村法尼は七面山からの帰途定林寺に立ち寄られて、「この度は亡くなられたあなたのお父様に呼ばれて来ました。もと祖師堂があったという日向山へ来てほしいという事です。」

誰と言って登ることがなくなった日向山へ、お供え物をリュックに背負い、カマで道の草を刈りながら登りました。

お堂の屋敷跡をキレイにし、ビニールシートを敷いてお供え物をし、一緒に登った幾人かの人達と法楽のお経を上げました。

お経が終った時、妙厚法尼が言うことに、『お経中、正面に七面大明神様と、妙見様がお立ちになりました。その前にあなたのお父様が正装してお座りになりました。そしてこう言われました。「雨漏りがして維持できなくなったとは言え、古くからのお堂を解体してしまって、申し訳ないことをした。ぜひこの祖師堂を復興してほしい」と。お上人様大変な使命を頂きましたね』と話してくれました。

亡き父親の言葉だと聞いて、私は何の疑いもなく、即座に「私の一生の内には必ず日向山の祖師堂を復興させて頂きます」と答えました。

祖師堂を復興することを約束したものの、さてどこからどうして良いものやら、しばらくは途方にくれました。

道もなくなり忘れられた山を復興するには、みんなに登ってもらうことだと思いました。日向山からの周囲の眺望はすばらしく、正面に富士山を拝することができます。正月元日のご来光は、この富士山から昇ることを知った私は、「元朝に日向山でご来光を拝む会」を始めました。第一回目は私を含めて四人だったこの会は、年を追う毎に増え、仏舎利塔が立ち上がる昭和六十二年頃には五百人を超えるほどになっていました。

世界人類の平和、日本の平和、私達の年中安泰を祈る信仰の勢いは、仏舎利平和宝塔の建立という大浄業を完成させ、当初の目標であった祖師堂の復興も成就させてくれました。

私はこの大浄業に携っている間中、いつも七面さまのご守護の力を感じていました。妙厚法尼を案内して日向山に登り、お堂の屋敷跡で読経した時、正面に立たれたという七面さまと妙見さまが、大きな力を貸してくださっているのを感じていました。

それでお堂が完成した時、長い間定林寺に移してお祀りしていたご本尊を遷座しその両脇に昔からの日蓮聖人お木像と、新しく彫像した七面大明神をお祀りしました。

日向山仏舎利平和宝塔

日向山仏陀ホールへの遷座

平成十一年三月、三期九年間務めさせて頂いた身延山布教部長を退任しました。その翌月の四月から、長年目ろんでいた「世界平和・核廃絶を祈る唱題運動」を始めました。毎月二十八日の祈りの日に、午後一時から仏舎利塔の前にテントを張って撃鼓唱題して世界平和・人類の悲願である核兵器廃絶を祈りました。初回は十八人でしたが、次第に僧俗の参加の方が増え、五十人六十人となりました。

雨や風の時は大変でしたので、ぜひ唱題道場が欲しいということで平成十七年に「日向山仏陀ホール」が落慶しました。

仏陀ホールの正面には日蓮聖人の大曼荼羅、その前に日蓮聖人新木像、右脇に祖師堂に新しく勧請した七面さまを遷座し、左脇には日向山大古久天のお前立ち新木像を勧請しました。

奥之院影嚮石お縄上げ

お縄上げ大祭

戦後七面信仰の広がりの中で、特筆すべきことは、七面山奥之院お縄上げ大祭が盛大に行われるようになったことです。

七面山の大祭は十八日が前夜祭、十九日が大祭ですが、七面山奥之院大祭はその前日の十七日です。

この十七日に影嚮石やその他各所に新しいしめ縄が納められ、その奉納式が七面山奥之院の大祭です。

七面山奥之院に本格的に社が造立されたのは宝暦年間（一七五一―一七六三）で、身延山第四十二世耐慈院日辰上人代でした。記録には、再建立とあります。

七面山奥之院影嚮石お縄上げ

この再建立に当たって、甲斐の国八代郡宮原村中の題目講の人々が丹精をしました。いまの山梨県西八代郡市川三郷町宮原講のことです。

この宮原講と七面山奥之院とは、七面信仰の初期の段階でその基礎をつくったと伝えられている身延山第十五世宝蔵院日叙上人の時からのつながりがありました。

明治に入って今の社殿に改築されましたが、その時も宮原講は、全村あげてこの大工事に丹精協力しました。

したがって七面山奥之院の大祭には直接に係わって盛り上げて来ました。講中には永代世話人があって講を仕切り、十二人の世話人がこの下で活動し、講中の人々が協力する仕組みになっています。

第二次大戦までは、四年毎に影嚮石のしめ縄をとり替え、各所のしめ縄もとり替えられていました。その頃は太いしめ縄を麓から大勢で担ぎ上げたと言いますから、四年に一度でも大変だったと思います。

戦後、七面山登詣者が爆発的に増えた昭和二十年代の後半頃から、影嚮石のご利益が宣伝され、お縄を上げたいという願主が続出して、毎年新しく替えられるようになりました。したがって、その奉納式、つまり十七日の大祭が賑やかに営まれるようになりました。

しめ縄づくり

しめ縄は、そのワラづくりから始まります。宮原講中の人々は、お縄のワラ用にと稲をつくり、それをすぐって何束かをそれぞれ奉納します。

影嚮石の大きな縄は、山上の現地で綯いますので、二トン車トラック一台分のワラが山上に届けられます。今でこそ荷上げ架線がありますので楽になりましたが、以前は人の肩で背負って上げたものです。

影嚮石以外のしめ縄、つまり拝殿、黒門稲荷堂、二の池、御神木、それに十九丁の栃の木のしめ縄は、下のお寺で作って現地へ届けるようになりました。

これらの縄も、以前は山上で綯《な》って作り、それを手分けでとり付けましたので、手間がかかり、したがって大勢の講中の人達の手数が必要でした。今でも手間がかかることは変わりませんので、縄を上げて大祭法要が始まるのは、ほとんど暗くなり始めてからです。

大祭願主

しめ縄を毎年取り替えて新しくするには、それなりの費用が必要です。このしめ縄を取り替える大祭の費用の一部を奉納して頂く方を大祭願主と呼んでいます。

個人で願主になってくださる方もあれば、会や講や寺院で願主になってくださる場合もあります。

大祭願主を務めると、それなりのご利益を頂けるということで、競って願主になってくださって、一期四年の願主が早々に決まってしまったこともありました。

奥之院影嚮石しめ縄

その中でも、宗教法人東京妙日会（会長坂口妙心上人）では、別当が交替した最初の年に願主を務め、平成二十六年の九月大祭で八回目の願主を務められました。実に三十二年の間、四年に一回の願主を欠かしたことがなく、大祭費用を納めてくださったことはもとより、会員の皆様が大祭に大勢登詣して、しめ縄作りを手伝って奉仕されました。会の発展を見るにつけ、七面さまのご利益の大きさを見せて頂いている思いであります。

真心は形に表して力となるといいますが、まさにその通りです。

七面信仰の法悦

法悦が涌き上がるお山

五十丁の山坂を足で登るしかない修行のお山は、日蓮宗では七面山だけです。それだけに尊い修行のお山です。

若い健脚の人は別にして、元気な人でも登るのに三〜四時間はかかります。普通は朝から一日かけるつもりで夕方までに七面山敬慎院か奥之院を目ざします。

真冬でも山坂を登ると汗が出るくらいですから、真夏の登詣は汗がこれほどまでに出るかと思うほど流れ出ます。しかしその汗が、私達の体の悪いものを流し出してくれますので、七面山を修行すると元気になるというのは、そのこともあります。

それに体の悪いものだけでなくて、心の垢までも洗い浄めてくれますから、功徳を頂ける修行ですね。

お題目を唱えながら、自分の心を見つめて登ると、反省や感謝の心が涌いてきて素直な気持ちになれますから、全てをありがたく受け入れることができます。

敬慎院や奥之院でお風呂に入ってすがすがしい気分で七面大明神に面奉する感激はひとしおで、苦労して修行して良かったと、つくづく修行の尊さを感じさせて頂けます。

この尊い修行のお山の感激をご縁ある人達に伝えてください。その伝えた功徳はまた大きなものがあります。

運命を開くお山

七面山へ登詣する方々は、七面大明神にすがって、それぞれの願いを叶えてもらいたいと登って来ます。

その願いは人それぞれによって違いますが、人生の苦を背負って必死の思いで救《たす》けて頂こうと登って来ます。

七面さまに必死にすがるその気持ちが、全てを捨てる純粋無垢な気持ちになっていきますので、過去世からの罪障が消えていきます。

私達の人生は因縁因果によってできていますから、罪障が消えるだけでなくて、七面山修行という善根によって、苦しみや悩みが消えていくのは当然であります。

それに七面さまは、苦しんでいる衆生を救うという願いを持ってお働きくださっている守護神さまですから、その七面さまのご守護力で、私達の運命が開かれて好転していきます。

七百年間、人々は七面山の山を修行し、いろいろな悩みから救われて、七面さまの信仰が流布して来ました。七面山で救われたご恩を報ずる道は、今悩み苦しんでいる人々に、七面さまへの信仰を伝えていくことです。

特に今は核家族になって、家族で七面山へ登る人々も少なくなりました。何も説かなくても、ただ一緒に登るだけで、家族のきずなが強まり、その家族の運命も開かれていきます。試して見てください。

決意誓願のお山

七面山のご来光は天下一のご来光です。特に富士山の頂上から昇るご来光は、感激そのものです。

太陽の光に吸い込まれるように、何もかも忘れて、この光の中に生かされているという思いになります。この自分のいのちが、天地宇宙の中で輝いているという思いで、感動の涙が出て来ます。

自分は何のためにこの世に生まれて来たのかという思いにかられて、七面さまに守られて、自分の天授の使命を完うし、世のため人のため、世界平和のためになろうという決意・誓願が生まれて来ます。

この決意・誓願が生まれたことを、七面さまはよくご覧になられ、その人をさらにお守りくださり、ご利益を授けてくださいます。七面さまは、よく人の心を読まれる方であります。

ですから七面山で誓ったその心を、山を下ってからも忘れないで持ち続けることが大切ですが、その為に毎日の信行を怠らないことです。

今はどうか分かりませんが、三十年ほど前には月参りの人が大勢いました。月参りはほとんど一人ですが、二～三人でする方々もあります。月参りでなくても年参を続けると信心をさらに深めることができます。

みんなが運命を開いて幸せな生涯を過すことができますように、七面さまへの信仰をすすめて参りましょう。

おわりに

七面山奥之院別当　切刀貞行

七面山奥之院の別当所である定林寺では、月刊布教誌「宝珠」が発行されています。本書は平成十二年一月号から平成十五年十一月号まで、師父・切刀貞如上人が、丹念に調べ上げた七面山に係わる内容が納められています。本年（令和三年）は、日蓮聖人降誕八百年に当たります。七面山奥之院の記念事業として、是非七面信仰を事細かく伝える本書を世に出したいと思いました。

師父が、小学校五年生のとき父親を病気で失いました。夫を失った祖母・切刀とみよは、女手一つで、九人の子どもと定林寺、そして、七面山奥之院も支えなくてはなりませんでした。重責が、祖母にのしかかりましたが、別当代理となった祖母の一心な姿にみんなが応援するようになりました。祖母の代に七面山奥之院は隆盛を迎える足ががりをつかむこととなります。

平成九年十月一日に九十五歳でこの世を旅立ちましたが、祖母を知る昔からの信者さん達はいつも「おばあさんは元気ですか？」「おばあさんは、こうだった、ああだった」と懐かしそうに話をしてくれ、七面山の帰りには定林寺に寄って祖母の顔を見ていきました。

祖母が亡くなる間際、副別当として七面山奥之院に山務していた私は、父から「お前はおばあさんが一生懸命守った七面山にいるんだ。もしおばあさんにもしものことがあって死に目に会えなくても、七面さまに尽くすことがお前の勤めだ」と言われました。どれほどの思いで祖母が七面さまに尽くしてきたかを子どもの頃から肌身に染みて知っていた私は、師父の言うことはもっともだと思いました。

十月一日の早朝、祖母が息を引き取ったと連絡がありました。しかし、副別当の責任ある者として、葬儀でしばらく山に帰って来れない間の段取りや、各所への連絡などで、すぐには山を下れませんでした。急いで走って飛び下り、やっと定林寺にたどり着くと「おばあちゃんにお別れをしておいで」と母が促しました。

祖母は、かわいく化粧をしてもらって横たわっていました。自我偈を読みながら、亡くなった祖母の額に手を触れると、何時間もたっているのに生きてるみたいに温かいのです。その時、私は思いました。「祖母は早朝亡くなってしまったけれども、可愛がってくれた孫のことを温かいままで待っていてくれた。」

命は私達の考えでは計り知れません。こうゆうことが信仰した人のなせる事かと、祖母はすごい「命の置き土産」をして旅立っていきました。大事なものを受け渡した人も、受け取った人も、お互いの命は重みを増すのです。

師父は苦労して、教育大学に行くことができました。師父の夢は、学校の先生になることでした。卒業後も東京に残って、就職したいという思いがあった一方で、祖母は早く一人前になって、田舎に帰って七面山奥之院や定林寺を継いでほしいと思っていました。

大学四年になると、師父は腎臓を患って入院してしまいます。病院のベットの上で無理をして卒業論文を書き続けている姿を見た医師は、「そんなことしていたら死んでしまうぞ」と伝えるのですが、卒業しないわけにはいかないのです。当人の希望を打ち消すかのように病気が治る気配はいっこうにありませんでした。

どうしようもなくなった師父は、七面さまに「もしこの病気が治ったら一生かけて七面さまに尽くします」と誓いを立てました。するとある日七面さまが夢枕に立たれました。そのお姿を見てから、病気は快方に向かっていきました。

平成五年より、私は副別当として、七面山奥之院に奉仕することになりますが、平成二十一年の別当任期をむかえるに当たって私はひどく体を壊していました。八十キロあった体重が五十五キロまで落ちれば、別人になってしまいます。神経障害で足先にあったしびれは全身に及び、一日中剣山で体中刺されているような痛みがあり、起きることもままなりませんでした。

師父に代わって定林寺住職に就任していた私は、別当として七面山に登らない訳にはいきませんでした。痛い体をひきずって、やっとのことで山に登り、別当交代式に臨みました。ほんの三十分ほどの式ですが、その式の中で私は七面さまに語りかけました。「私はこんな体になってしまって、何もできません。でも、こんな私でも良かったら七面さまの為に使って下さい。役立たせて下さい。」心の底からそんな思いがわき上がり、頼るものは七面さましかいませんでした。

別当交代式が終わると、ふと変化に気がつきました。体の痛みが消えているのです。あれだけ毎日寝たきりで「痛い痛い」と苦しんでいた痛みがなくなっているのです。ああ、祖母も父も自分のことを投げ出して、七面さまにお使いしてきたんだな。七面山は代々そうやって受け継がれてきたんだな。今私が別当として勤めさせてもらえるのも、代々勤めて下さった皆様のお徳なんだな。たくさんの方達が受けた七面さまの功徳なんだなと身に染みます。

そんな七面さまのお話を多くの皆様にお伝えしたくて、この度の出版となりました。出版にご尽力頂いた大東出版社、殊に編集いただいた磯野善秀様に心よりお礼申し上げます。

七面大明神様の御慈光に照らされて、世界が平和でありますようにお祈り申し上げます。

合　掌

令和三年九月十七日

七面山周辺地図

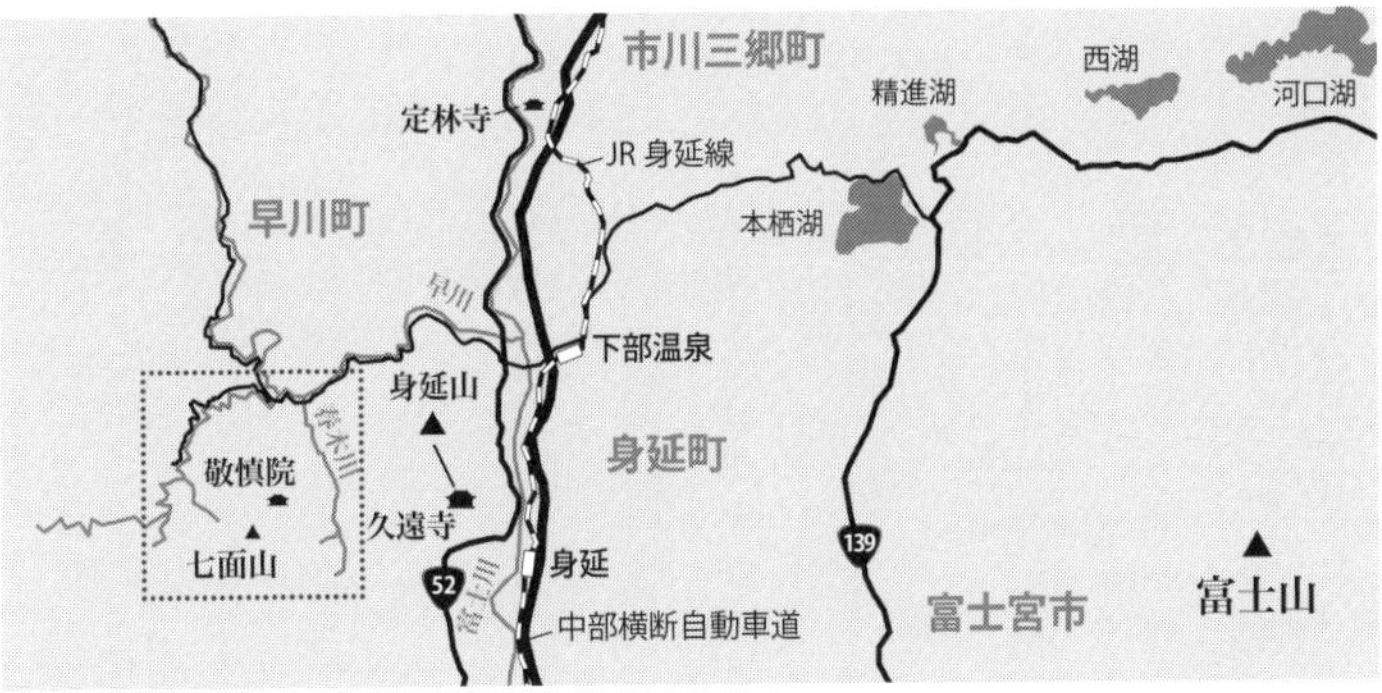
市川三郷町
西湖
河口湖
精進湖
定林寺
JR 身延線
早川町
本栖湖
早川
下部温泉
身延山
春木川
身延町
敬慎院
久遠寺
七面山
139
52
身延
富士川
富士宮市
富士山
中部横断自動車道

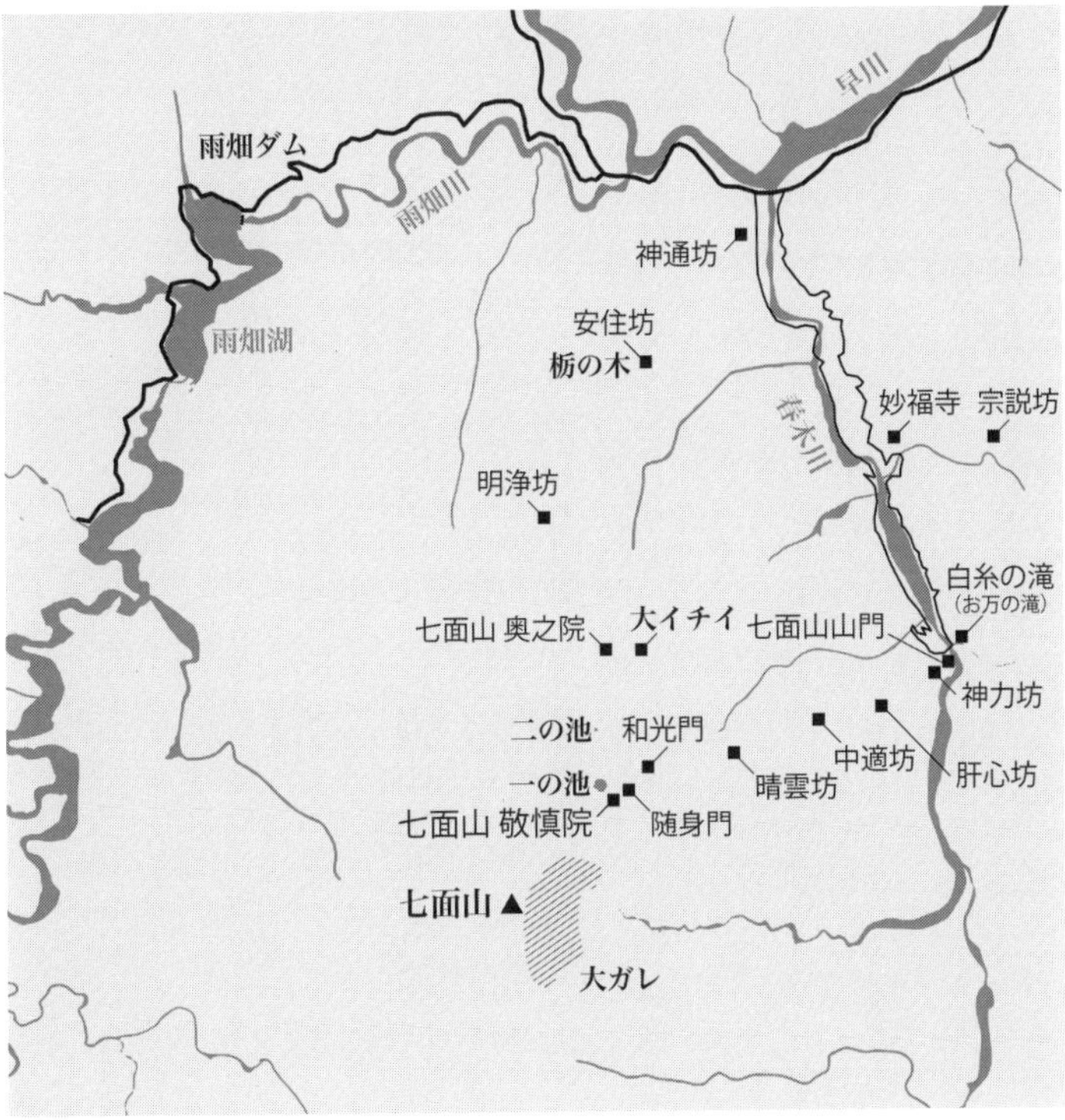
早川
雨畑ダム
雨畑川
神通坊
雨畑湖
安住坊
栃の木
春木川
妙福寺
宗説坊
明浄坊
白糸の滝
（お万の滝）
七面山 奥之院
大イチイ
七面山山門
神力坊
二の池
和光門
中適坊
肝心坊
一の池
晴雲坊
七面山 敬慎院
随身門
七面山
大ガレ

功刀貞如《くぬぎていにょ》

一九三四年、山梨県に生まれる。東京教育大学哲学科卒業。立正大学大学院仏教学専攻修士課程修了。日蓮宗布教研修所修了／元身延山布教部長、七面山奥之院別当前別当、日向山仏舎利平和宝塔初代主管、社会福祉法人宝珠苑福祉会初代理事長。現在、山梨県市川三郷町定林寺院首、月刊布教誌『宝珠』主幹。

無限なる大光明——七面さまのお話

初版第一刷発行　二〇二一年一〇月三〇日

著　者　切刀貞如

発行者　佐藤隆俊
発行所　株式会社　大東出版社
〒一一三―〇〇〇一　東京都文京区白山一―三七―一〇
電話〇三―三八一六―七六〇七　振替〇〇一三〇―八―五七二〇七
印　刷　亜細亜印刷株式会社
製　本　株式会社ブロケード

ISBN978-4-500-00775-2